挖掘百倍成长股

宋拥军——著

100

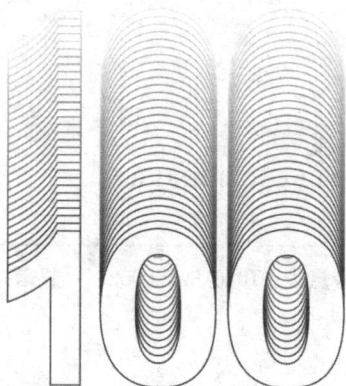

TIMES GROWTH STOCKS

中国铁道出版社有限公司
CHINA RAILWAY PUBLISHING HOUSE CO., LTD.

内 容 简 介

本书全面系统地讲述了成长股的选择方法和实用操作技巧，尤其是重点讲解了筛选成长股的指标、投资成长股的理念、交易策略以及不可忽视的影响交易情绪的细节，具有极强的实用性。结合A股具体成长股投资案例，帮助读者如何识别一家成长性公司；制订一个好的投资交易策略进行交易。

语言通俗易懂，没有罗列专业化的证券投资专业术语，将成长投资之道和国内特有的资本市场环境相结合，由浅入深，适合在A股市场中找不到投资方法的投资人士以及炒股新手学习使用。

图书在版编目（CIP）数据

挖掘百倍成长股/宋拥军著. —北京：中国铁道
出版社有限公司，2020.9
ISBN 978-7-113-27066-7

Ⅰ.①挖… Ⅱ.①宋… Ⅲ.①股票交易-基本知识
Ⅳ.①F830.91

中国版本图书馆CIP数据核字（2020）第120676号

书 名：	挖掘百倍成长股
	WAJUE BAIBEI CHENGZHANGGU
作 者：	宋拥军

责任编辑：张亚慧 **读者热线**：(010)63560056 **邮箱**：lampard@vip.163.com
封面设计：宿 萌
责任校对：王 杰
责任印制：赵星辰

出版发行：中国铁道出版社有限公司（100054，北京市西城区右安门西街8号）
印 刷：三河市宏盛印务有限公司
版 次：2020年9月第1版 2020年9月第1次印刷
开 本：700 mm×1 000 mm 1/16 **印张**：13 **字数**：219千
书 号：ISBN 978-7-113-27066-7
定 价：55.00元

投资大师菲利普·费雪认为普通人几乎不可能预测经济大势，他建议普通投资者以最小的代价和风险投资能获得最大收益的公司，也就是努力寻找"成长股"进行投资。

1959 年费雪提出"成长股"理论后，追寻"成长股"迅速成为美国主流投资理念之一。在 A 股市场，成长股近些年成为投资的主旋律，因为随着中国经济的高速发展，A 股市场也涌现出了不少优质股、超级成长股，好的成长股往往会给投资者带来超额回报。如何才能找到成长股呢？这是很多投资者关心的核心问题。

我们要寻找的是未来成长空间很大的成长性 A 股，而不是已成长很多年且成长速度开始下降的成长股。只有买到真正的优质成长股，才能实现长期的超额收益。

怎样才能找到高质量的成长股呢？

从投资理论上来讲，一般情况下，股票的长期涨幅跟公司净利润成正比。影响净利润的三要素为销量、价格和成本。

这三要素之间的关系为：利润 = 销量 × 价格 − 成本。

在分析一家上市公司时，我们所有的投资分析都是围绕着销量、价格、成本这三个要素进行的，这三个要素之间只要有一个变动，就有可能成为成长股。

赚取超额利润的情况是哪一种呢？最好的组合就是在销量增加的同时，价格提高，成本降低。这三者的结合，是我们寻找优质成长股的基础。

根据企业发展规律，一家公司保持长时间的业绩增长是极其困难的。但如果增长跟提价相结合（提价本身就是超级增长），并伴随着成本的降低，则会发生化学反应，产生指数级增长。历史上的超级成长股基本上都是遵循这一规律的。

选好了成长股，后面的工作流程就是持有、择机卖出、获得超额收益。

从投资理论上来看，挑选成长股是一件很容易的事。事实上，在投资实践的过程中，挑选成长股并非易事，要求投资者既能读懂上市公司的财报，又能分析财报数据背后的含义；既能了解上市公司的业务模式，又能分析上市公司的竞争优势和未来成长潜能。同时还要求投资者有丰富的行业分析技能，在具有成长性的行业里进行投资。

本书为投资者提供了一个简化的投资模型，便于投资者运用财务数据快速地筛选出优质成长股。本书从行业分析、财务报表、管理能力三个维度考察分析成长股，并给出相应的衡量指标。投资者可以根据财务指标按图索骥，在众多股票中初步选出备选成长股，再将备选股票放入行业、财报、管理能力这三个框架中横向交叉比较，最终选出优质成长股。

不过，要想成功进行成长股交易，还需要做好以下三项工作。

首先，合理选择适合自己的分析方法或分析指标。本书从三个维度对成长股进行分析，投资者可以根据个人偏好选择几种作为自己的基础分析手段，然后再按照分析结论制定交易策略。

其次，不打无把握之仗。相对技术分析交易，成长股交易更加安全，但这并不意味着交易成长股就可以稳定获利。投资者要在充分研究股票基本面的前提下，选准合适的入场时机再执行买入操作。本书选择的财务指标，就是为了帮助读者更准确地识别成长股的启动与滞涨，确保在安全的前提下实现获利。

其实，对于投资成长股的领悟，是一个由简单到复杂，再到简单的过程，如果用一句话来概括成长股的投资真谛，那就是在优质的成长股被低估的时候买入，被高估的时候卖出，也就是说，找到好行业、好公司、好价格，买入持有再卖出。可就是这么简单的道理，又有多少人可以十年如一日地去严格执行呢？

投资知易行难，克服人性的贪婪和恐惧是需要人生历练的。这也是投资中最大的难点，需要投资者用长时间去不断修炼。

股市有风险，投资须谨慎。

作　者

2020 年 6 月

目录

第一部分 为何推崇成长股

第二部分　筛选成长股标准

第3章　筛选财务指标 / 43

第三部分　用成长超越市场

第一部分
为何推崇成长股

第 1 章

认识成长股

成长股投资在全球金融投资史上算是历史比较悠久的一种有效投资方法，这种投资方式缔造了菲利普·费雪、沃伦·巴菲特等世界级的投资大师。尤其在经济增速较快的行业，成就了不少财富传奇，A 股也不例外。

1.1 何为成长股

菲利普·费雪是成长股投资理念的倡导者，他于 1958 年首次出版的《怎样选择成长股》是全球投资者必读的经典著作。他虽然和巴菲特都属于价值投资者，但他更偏重于研究企业的成长性，被称为"成长型价值投资之父"。

菲利普·费雪在 1928—1999 年超过 71 年的投资生涯中，获得了巨大的成功。他最重要的贡献就是提出研究分析企业不能仅停留在财务数字上，而应该从对企业的访谈中观察企业的实际经营管理。

菲利普·费雪对沃伦·巴菲特的投资理念的形成具有非常重要的影响，沃伦·巴菲特曾说："当我读过《怎样选择成长股》后我找到费雪，这个人和他的理念给我留下深刻印象。通过对公司业务深入了解，使用费雪的技巧，可以做出聪明的投资决策。"

菲利普·费雪认为：投资人更应该集中精力选择能够使自己以最小的代价和风险来获得最大收益的公司，也就是选择真正的"成长股"。

1.1.1 成长股画像

在讲成长股之前，必然先讲成长性。什么是成长性？成长性即企业预期盈利能力的持续增长。

1. 成长性

对普通投资者来说，分析企业的成长性并不需要那么多苛刻的指标，只要掌握以下三点就足够了，如图 1.1 所示。

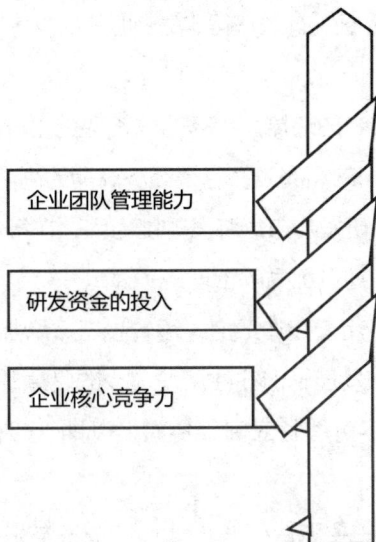

图 1.1　企业成长性的特点

（1）企业核心竞争力：企业想持续增长，必须要有核心竞争力。如果该企业的产品或服务没有和竞争者形成差异，就不能维持高速增长。可模仿性太强的行业，最终都会沦为薄利行业。

（2）研发资金的投入：有自主研发的公司必须考虑研发投入率。一般来说，参考研发资金在营业收入中的占比，这样就可以了解这家企业对于研发的重视程度。有一些企业看似收益并不高，但其实是将大量资金用于研发，一旦研发成功，其收益将呈几何级数增长。

（3）企业团队管理能力：我们一般可以从企业的经营情况及管理团队的变更情况粗略了解其管理能力。如果管理团队没有经常性变更，负面消息较少，且一直能够保持企业利润的增长，这个团队的管理能力就比较好。当然，如果有"明星"级的管理人员，肯定会更好。

通过上述三点，你就能简单地分析企业的成长性了。

2. 成长股

所谓成长股，有两个层面的含义，一是指发行股票时规模并不大，公司的业务蒸蒸日上，管理良好、利润丰厚，产品在市场上有较强竞争力的上市公司的股票。二是指处于飞速发展阶段的公司所发行的股票，虽不见得立即就能获得高额股利或其他优惠条件，但未来前景看好。随着公司的发展，实力的增强和利润的大幅度上升，成长型股票日后不仅有望获得丰富的股利收入，而且还可以从股价的日趋上升中赚取大额的买卖价差。

成长型股票最受投资者的追捧。优秀的成长型企业一般具有如下特征：

（1）成长型股票公司的利润应在每个经济周期的高涨期间都达到新的高峰，而且一次比一次高；产品研发与市场开发的能力强；在行业内始终处于领先地位，具有很强的综合竞争力；拥有优秀的管理班子。

成长型公司的资金多用于建造厂房、添置设备、增加雇员、加强科研，将经营利润投资于公司的未来发展，但往往派发很少的股息。成长性股票的投资者应将目光放得长远一些，尽可能长时间地持有，以期从股价的上升中获得丰厚的利润。

（2）由于股票前景主要取决于发行公司的情况与发展，因此，只有那些销售额和盈利额都在迅速增长，其增长幅度快于全国及其所在行业平均增长率的公司所发行的股票，才能被认为是成长性股票。

一般来讲，这些公司大多属于新兴行业或发展潜力较大的行业。公司往往通过使用新材料、运用新技术、开发新产品、拓展新市场等创新活动，使自己获得高速发展，因此发行的股票也将随着公司的成长壮大而日益增值。

（3）成长股一般在发行初期表现为股票收益率较低、市场转让价格也在低位徘徊。这是因为这类公司正处于高速增长阶段，需要留存较多的盈利作为再投资的资本，加快公司的发展与扩张，以争取时机，占领市场。因此，它们在短期内通常对股东只支付较少的红利，所以股东的眼前收益可能并不高。

1.1.2　衡量标准

你也许会问：成长股到底有什么鲜明的特征？我们又该如何使用指标来衡量A股的哪些上市公司具有成长性？

1. 费雪对成长股的衡量标准

菲利普·费雪总结了成长股的 15 个特征：

（1）这家公司的产品或服务有没有充分的市场潜力，至少几年内营业额能否大幅成长；

（2）为进一步提高总体销售水平，发现新的产品增长点，管理层是否决心继续开发新产品或新工艺；

（3）和公司的规模相比，这家公司的研发努力有多大效果；

（4）这家公司有没有高人一等的销售组织；

（5）这家公司的利润率高不高；

（6）这家公司做了什么事，以维持或改善利润率；

（7）这家公司的劳资和人事关系是否很好；

（8）公司管理层的深度是否足够；

（9）这家公司的成本分析和会计记录做得如何；

（10）是否在所处领域有独到之处；

（11）是否可以为投资者提供重要线索，以了解此公司相对于竞争者来说是不是很突出；

（12）这家公司是否有短期或长期的盈余展望；

（13）在可预见的未来，这家公司是否会大量发行股票，获取足够的资金，以利于公司发展，现有持股人的利益是否会因预期中的成长而大幅受损；

（14）管理层是否只向投资人报喜不报忧，诸事顺畅时唾沫横飞，有问题或叫人失望的事情发生时，则三缄其口；

（15）这家公司管理层的诚信、正直态度是否毋庸置疑。

菲利普·费雪认为，一家公司如果能够符合其中相当多的要点，则具有比较高的投资价值，也就可以称为"成长股"。上述 15 个要点大致是围绕着以下四个方面来归纳的，如图 1.2 所示。

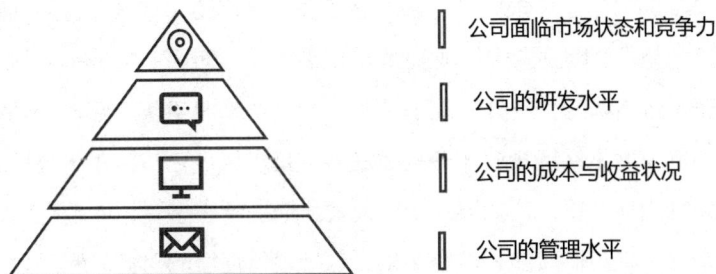

图 1.2　菲利普·费雪衡量成长股的层面

公司面临市场状态和竞争力

公司的研发水平

公司的成本与收益状况

公司的管理水平

（1）公司面临市场状态和竞争力。这家公司的营业额在几年之内能否大幅成长？有没有优秀的销售渠道？这两个问题的答案是判断一个公司是否值得研究的基本条件。

营业额的增长前景首先取决于需求增长的状况，公司的管理水平也必须保持在较高的水平上。另外，对于企业销售能力的分析往往被忽视，绝大多数分析人员只满足于依赖一些粗略的指标来分析企业的销售能力。

菲利普·费雪认为这些数据太过粗疏，根本不足以成为判断投资价值的依据，要了解一家企业真正的销售能力，必须要到其竞争对手和客户那里去做艰苦而细致的调查。

（2）公司的研发水平。该公司研发活动的效率如何？为了进一步提高总体销售水平，发现新的产品增长点，管理层推进研发活动的决心有多大？

菲利普·费雪认为，一家公司财务稳健性的根本保证就在于能够不断开发新的、能够保证相当利润量的产品线，而这直接取决于研发活动的水平。观察研发活动有两个比较重要的角度：一是研发活动的经济效益如何；二是公司高层对于研发活动的态度如何，是否能够认识到目前市场的增长极限并且未雨绸缪。

（3）公司的成本与收益状况。公司的成本控制水平如何？利润处在什么水平上？有没有采取什么得力的措施来维持或者改善利润水平？有没有长期的盈利展望？

菲利普·费雪极为看重企业长远的盈利能力，他也一直在追寻那些净利润率持续高于行业均值的公司。费雪明确指出："投资于利润率过低的公司，绝对无法获得最高的长期利润。"他的理由是，利润率低的公司财务体质过于虚弱，抗打击能力弱，在经济不景气中最可能先倒下。

（4）公司的管理水平。公司的人事关系、管理团队内部的关系如何？公司管理层的深度够吗？在可预见的将来，这家公司是否还会继续发行股票筹资？现有持股人的利益是否因预期中的成长而大幅受损？管理层是否具有诚信的品质？

菲利普·费雪认为，良好的人事关系，特别是管理团队内部的良好氛围，和管理层足够的深度是保证企业能够高效发展的基本保证之一；对于公司的融资能力，他旗帜鲜明地指出："如果几年内公司将增发新股融资，而现有的每股盈余只会小幅增加，则我们只能有一个结论，也就是管理层的财务判断能力相当差，因此该公司不值得投资。"

2. A股实战思路

菲利普·费雪的成长股理论提供了一个选股的思路和大致框架。在投资实践的过程中，我们可以把成长股的筛选简化为以下四种模型，便于投资经验欠缺的投资者先快速大致筛选成长股，建立股票池。

（1）领头羊企业：当新的行业出现时，先行者的龙头企业会获得巨大的优势。比如互联网行业的阿里巴巴、腾讯，高科技型行业的视频行业龙头海康威视，新能源汽车行业龙头比亚迪，当这些企业成功地冲上浪尖，它们就可以一直成功很久。

强者恒强，这些龙头企业符合"规模正反馈"效应。于是，这些新产品就呈现出"越多人用越好用，越好用越有更多人用"的特征。

随着产品换代以及消费升级，新产品（细分领域）将会层出不穷，新产品的龙头企业最容易出现"牛股"，这种类型企业盈利机会很多。这也是大多数基金经理为什么青睐于在新产品类的细分领域里投资行业龙头。

（2）超级品牌：市场竞争中有个"二八定律"，即全球 20% 的强势品牌占据了 80% 的市场份额。其实在市场中，有很多人都低估了品牌的力量。一个有定价权的超级品牌会给企业和投资者带来超额收益。

超级品牌完全符合"规模正反馈"效应这个特征。

随着我国移动互联网电商的发展，有专家预测，未来这种超级品牌对市场的垄断将会演变成"九五定律"——全球 5% 的强势品牌占据 95% 的市场份额。

（3）有定价权：按常理来说：提高 1% 的价格可使净利润增加 12%，价格对利润的影响有很强的杠杆作用，提价对利润增长的影响是几何级的。特别对低净利润率的公司业绩影响更为明显，对高净利润率的公司影响会小一些。

比如上市至今涨 100 倍、市值超 1 万亿元的贵州茅台就是靠提价成长最成功的案例，贵州茅台给投资者创造出了超额收益。

其实，可提价型和领头羊型、超级品牌型企业有些类似，或者说上述两种类型的公司也具备产品提价性能，但用户对价格的敏感度很低，甚至认为价格越高越好。

我们要找那些目前尚未利用提价能力的上市公司，特别是用户对产品价格非常不敏感的公司，比如一些治疗肿瘤、儿童病等特殊病种的医药公司。

（4）连锁经营：连锁型企业，也算一门好的生意。起初企业只有一家门店，随着标准的建立，公司规模的扩大，企业的议价能力提高，成本降低，竞争者逐渐减少，于是可以提高价格。这完全符合超级成长股特征——规模正反馈，还有定价权。

随着互联网的出现和效率的提升，一些专门卖货物的连锁企业遇到了困境，比如曾经的大牛股苏宁易购（原名苏宁电器）。当然，互联网企业不会冲击一些服务性的连锁企业，甚至有利于这些连锁企业扩大竞争优势，比如连锁服务的爱尔眼科，卖生鲜的永辉超市等。

1.1.3 定性分析

如果要深入分析成长性 A 股，根据证券分析学的基本原理，要对它进行定性分析和定量分析，如图 1.3 所示。

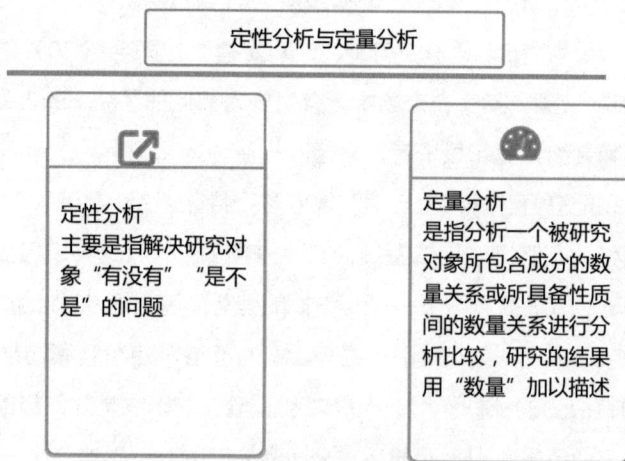

```
定性分析与定量分析
```

定性分析
主要是指解决研究对象"有没有""是不是"的问题

定量分析
是指分析一个被研究对象所包含成分的数量关系或所具备性质间的数量关系进行分析比较，研究的结果用"数量"加以描述

图 1.3　成长股定性分析与定量分析

对于成长性 A 股，我们如何进行市场定性分析呢？

一般情况下，长期看好的股票的涨幅与公司净利润成正比。影响利润的三个要素为销量、价格和成本。这三个要素之间的逻辑关系为：利润 = 销量 × 价格 − 成本。

在分析 A 股的一家上市公司的基本面时，所有的分析都是围绕着销量、价格、成本这三个要素来进行，这三个要素之间只要有一个变动，就可以成为成长股。但赚取超额利润的情况是哪一种呢？

最好的组合就是销量（规模）增加的同时，可以提高价格，降低成本。若这三者相结合，便是最好的组合，也是我们寻找优质成长股的根基。

根据增长（复利）规律，长时间的增长是有极限的，也是极其困难的。但如果增长和提价相结合（提价本身就是超级增长），并伴随着成本的降低，则会发生化学反应、产生几何级变量。历史上的超级成长股基本上都是遵循这一规律来运行的。

了解了成长股的这个特征，你就可以按这条线索在 A 股中寻找。在投资成长性 A 股中，只要你掌握一些基本的定性投资规律，就能收到事半功倍的效果。

1.1.4 定量分析

如何在已经通过定性分析初步筛选出来的 A 股中来寻找业绩持续成长且价值低估的投资标的呢?

根据市场通行的定量分析指标——筛选"成长系数"超过 2 倍的股票，对于细分领域的龙头垄断企业可以放宽到 1 倍，比如腾讯控股、云南白药以及贵州茅台。

"成长系数"又是什么衡量指标呢?

所谓成长系数，是指鉴于 PE（市盈率）估值的上述优势进行分析判断，目前国内市场普遍运用 PE 判断公司的投资价值。但由于对增长阶段的考虑严重不足，PE 无法对增长过程中的企业进行更为准确的估值。结合股利贴现模型（DDM）绝对估值方法中对企业增长率与增长阶段的设定方法，将 PE 估值（包括静态与动态）发展为考虑实际企业增长的增长市盈率，又称成长系数（GPE），如图 1.4 所示。

✉	🏠	⏱
当GPE＞1时，该股票可能被低估	当GPE=1时，表示股票的估值反映其未来业绩成长性	当GPE＜1时，该股票可能被高估

图 1.4 利用 GPE 对股票进行估值的指标

扩展后的成长系数（GPE）在理论上既避免了 PE 对短期盈利的过度依赖，

又避免了 DDM 对企业永续存在的苛刻假设；在应用中既减少了 PE 的粗糙误差，又避免了绝对估值的过度假设误差。总之，GPE 对上市公司价值的评估重心从短期业绩波动转向中长期发展速度与可持续性，更为接近价值投资的核心。

根据公式，成长系数（GPE）＝净利润增长率（G）／市盈率（PE）。PE 取滚动市盈率为宜，而 G（净利润增长率）的取法为公司未来 3 年的每股收益复合增长率的预测值。比如，某股票的动态市盈率为 30 倍，预期其未来 3 年利润复合增速为 30%，则成长系数（GPE）＝100×30%/30＝1（倍）。

当 GPE ＞ 1 时，该股票可能被低估，这类股票的特点：市盈率低，利润增长稳定。通常价值型股票的 GPE 都会大于 1。

当 GPE＝1 时，表示股票的估值已经充分反映其未来业绩的成长性，市场参与者对股票的估值预期保持一致。通常，收益型股票的 GPE 都约等于 1，因为投资者追求的是股票当期成长的股利息（分红收入）。

当 GPE ＜ 1 时，该股票可能被高估，这类股票的特点如下：市盈率高，利润增长不如预期。通常成长型股票的 GPE 都会小于 1，甚至是负值。因为投资者愿意给予其高估值，期望公司未来会保持业绩的快速增长，这种股票的市盈率会相对偏高，股价提前透支其存在的价值。

那么，要怎么挑选成长性 A 股呢？

答案是肯定要选择 GPE（成长系数）≥ 1 的股票进行投资，成长系数越大越好，一般选择大于 2 倍的股票投资。当 PE 上升并向合理 PE 靠近时，叠加股票利润持续增长，就可以获得"戴维斯双击"（指在低市盈率买入股票，待成长潜力显现后，以高市盈率卖出，这样可以获取每股收益和市盈率同时增长的倍乘效益）的投资收益。

运用成长系数估值法投资股票，最核心的一个环节是：尽可能准确预测企业未来 2 ～ 3 年的利润增速。对于投资者来说，预测未来 2 ～ 3 年利润增速，可参考公司最近 3 年的平均数值（根据上市公司年报获得），并加以判断业绩可靠性即可。一个企业如果能保持多年的持续成长，那么基于惯性，公司未来大概率也还是会保持这种持续成长速度，尤其是在细分领域已经排在第一位的公司。

1.2 投资优势

英国著名投资大师吉姆·斯莱特给出了其选择成长股的理由：安妮·塞贝尔投资成长股的经历说明了其具有复利的力量，她每年平均 18% 的回报看起来或许并不惊人，但是以这一速度，投资额每 4 年就会翻一番，而在 40 年之后，5 000 英镑就变成了一笔相当可观的财富。

1.2.1 轻松的投资方式

成长股投资是一种稳定的长线投资法，不需要散户随时盯着盘面股价的变化，不需要专业的操作技巧，更不需要进行频繁的买进卖出交易，是一种非常适合普通散户和上班族的投资方法。在投资的同时你也可以做其他事，是一种轻松的投资方式。

投资成长股最劳累、最重要的时段就是开始选股的时候，你可能需要用半个月、一个月、两个月的时间和精力来选股，而短线投资可能只需要 5 分钟来选股。

投资成长股，你可能需要在选股时抽出大量的时间来阅读公司的招股说明书、最近几年公司的公告，了解公司的核心产品，仔细查看公司的季报、半年报、年度报告，了解公司最近几年的运作情况、项目的进展情况、产品有没有竞争优势、未来的发展方向等。而短线投资者可能只需要用 5 分钟看看 K 线图。

虽然长线投资成长股在投资初期的选股上花的工夫可能是短线投资者的 10 倍、20 倍，但是当选股完成后，一旦找到你心中未来的"成长股"，那么剩下的就是悠闲地等待和持续轻松地对基本面进行跟踪。可能短线投资者一年选股高达 100 ~ 200 次，而长线成长股投资者一年只需 2 ~ 3 次，甚至 2 ~ 3 年才选股一次，这时长线成长股投资就比短线投资轻松 10 ~ 20 倍。

由于长线投资成长股时间跨度长，一次成功的投资下来，收益率是非常高的，所以可能你只需几次成功的投资就可以超越大多数人。普通散户不能像职业投资者那样花很多的时间盯着盘面，而投资就是为了能够轻松、愉快、悠闲地生活，所以投资成长股是非常适合散户投资者的投资方式。

彼得·林奇是一位世界成长股投资大师。1977—1990年，13年时间里彼得·林奇管理的麦哲伦基金资产规模由2 000万美元成长至140亿美元，基金持有人超过100万人，成为当时全球资产管理金额最大、投资绩效第一的基金公司，13年的年平均复利报酬率达29%，在那个时代，如此大的资产规模还能创造13年平均每年复合收益率高达29%，堪称是一个传奇，如图1.5所示。

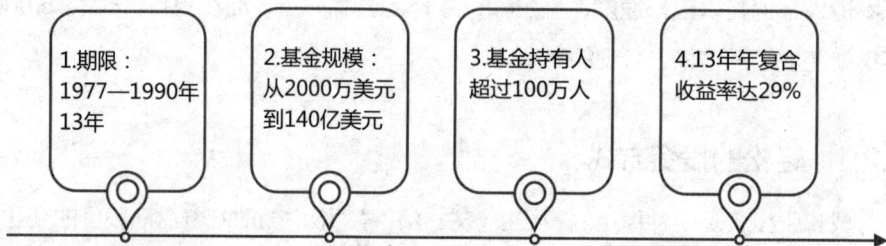

图1.5　彼得·林奇管理的麦哲伦基金

彼得·林奇认为散户投资成长股具有很好的优势，他曾在1990年退休时在哈佛大学的演讲中这样叙述：

"在股票投资方面，散户绝对具有难以置信的优势。有些散户在化工行业工作，有些则在造纸行业就业。他们将比我提前9个月获悉化工行业的景气状况变化。他们能最先知道氯出现了短缺。他们可以率先知道腐蚀剂缺货。他们能第一时间知道库存销售完毕。每隔几年你只需要投资几只你拥有丰富信息的股票就可以获得良好的回报。你只需要专注某个领域，购买你熟悉的本地公司就可以了。在麻省威尔伯雷市有一名消防员，他对股市知道得不多。但是他有一个很好的理论。他发现镇上有两家公司在不断扩大工厂规模，于是他每年在这两家公司的股票上面投入1000美元，连续投了5年，结果他成了一名百万富翁。他不看《华尔街日报》，没有计算机。他只是看到公司在不断成长，因而判断公司的情况一定很不错。"

1.2.2　投资收益复利

长期投资成长股的投资收益会怎样呢？

我们来看看成长股投资大师彼得·林奇是怎么说的，他在 1990 年的演讲中说道：

"我想和你们谈谈沃尔玛这家公司，该公司于 1970 年上市。当时它们有38 家店，一个漂亮的历史经营记录和一个坚实的资产负债表。在经过分拆调整后，它的售价是 8 美分 1 股，当然沃尔玛的股票受欢迎永远不是因为分拆。你可能会告诉自己，如果我不在下个月买进沃尔玛的股票的话，我将错过一生中最好的投资机会。5 年后，沃尔玛有 125 家店，利润增长至 5 年前的 7 倍。你猜怎样？股价上涨至 5 年前的 5 倍，达到 41 美分 1 股。截至 1980 年 12 月，沃尔玛有 275 家店，利润再次上升至 5 年前的 5 倍。你猜怎样？股价上涨至 5 年前的 5 倍，现在是 1.89美元 1 股。"

看了彼得·林奇的"现身说法"，或许你还有疑问，因为那是美国，中国有没有像沃尔玛那样的成长型公司？那么是不是只有美国才有成长股呢？是不是只有美国才有沃尔玛这样伟大的公司呢？那么我们来看一看 A 股的伟大成长型公司贵州茅台。

贵州茅台（600519）在 2001 年 8 月 27 日上市，上市时总市值 22.48 亿元人民币，经过了 18 年的发展，截至 2019 年 3 月 31 日公司总市值 11455 亿元，18 年涨幅超过 508.56 倍；格力电器（000651）1995 年营业收入为 25.64 亿元，截至 2018年 12 月 31 日，营业收入达 2000.24 亿元，营业收入 23 年间增长了 77.01 倍。

也许你会说，除了贵州茅台、格力电器这两只几百倍、几十倍股，还有其他的股票吗？当然有，比如万科 A、苏宁易购、云南白药等。其实除了这些股票，还有天士力、承德露露、东阿阿胶、国药股份等。

其实，投资成长股并不是非要买到十倍股、百倍股，真正的意义在于成长股依靠企业的持续发展壮大、业绩的不断快速增长，从而推动股价不断持续上涨。同时，由于公司发展带来的业绩持续快速增长，给股价快速上涨中遇到调整风险时形成实质性的支撑。

投资成长股，除了赚市场博弈的钱，更重要的是赚企业发展成长的钱。我们建议投资者寻找大行业小公司、业绩持续快速增长、管理有道但是未被大多数投资者发现的优质成长股，等待它慢慢成长、变大。

1.3 价值投资与成长投资

你可能会问："为什么基金经理总是青睐于投资于价值型／成长型股票？价值投资和成长投资之间有什么联系和区别？"

价值投资和成长投资是支持目前市场持续发展的两大主流理论，从历史经验来看，两种投资理念往往循环往复推动着资本市场的持续发展。而在分析未来市场格局的时候，理念轮回给我们的启示则是：大盘价值股风暴过后，必定是中小盘成长股行情的崛起。

随着市场的逐步成熟和发展，价值投资和成长投资逐步成为主导资本市场发展的两大主要价值投资理论体系。从欧美等国家成熟的资本市场的发展历史来看，其投资方向往往在这两类理论之间呈现出典型的周期性轮回。并且从长期来看，这种轮回始终有效地维系了整体市盈率结构的均衡合理发展，让资本市场的架构更加坚实。

1.3.1 两大投资体系

随着市场的逐步成熟以及以基金为主体的机构投资者逐步壮大和发展，市场的资金结构开始发生根本性转变。传统的通过寻庄和挖掘主力资金轨迹，过度沉迷于筹码集散的理论已经逐步丧失其生存空间。而在此背景下，价值投资理论和成长投资理论显然已经成为支持资本市场发展的两大主要理论基础。从欧美等成熟的资本市场的发展历史来看，这样的发展方向也符合市场自然规律。

考虑到我国 A 股的市场实际情况，价值投资和成长投资的内涵也有了新的变化。价值投资理念的具体内涵是投资被市场低估（即内在价值高于市场价格）的目标，从而获利，其投资目标一般都是成长稳定，易于判断其内在价值的蓝筹股；而成长投资理念即是通过发掘高成长性的上市公司，通过投资其成长潜力获得高额的市场回报。一般投资目标具备较好的成长性预期，但是不确定因素多，内在真实价值难以准确判断。

1.3.2 投资理念轮回

股票市场投资理念演变的历史，大致按以下逻辑线索展开：电子、半导体股—绩优蓝筹股—生物工程股—网络股—传统行业绩优蓝筹股。这其中有一个明显的轨迹，即成长（电子、半导体股）到价值投资（绩优蓝筹股），再到成长（生物工程股—网络股），再回归价值投资（传统行业绩优蓝筹股），整体上市场始终在两种投资理念框定的大范围内循环。

中国股市行情从 1999 年至今，也是在遵循类似的轨迹。从 1999 年开始的"5·19"行情是以科网股为龙头的，网络产业无限的发展前景让投资者为之疯狂；而随着网络泡沫由疯狂到破灭，在其后几年的大熊市中，钢铁、银行、汽车等估值偏低的大蓝筹明显跑赢大势，完成了一次由成长到价值投资的轮回。

由股改而掀起的新一轮行情，显然更符合这一特征，在 2015 年年初开始的大行情中，市场明显地按照银行地产等本币升值行情—题材股行情—大蓝筹行情完成了一轮脉络清晰的转换。

以上的历史经验证明，在经历过度热情追高价值型股票导致估值泡沫破灭之后，必然又会走回到挖掘成长抵御估值泡沫的方向上。两者之间循环往复、周而复始，投资理念的变化呈现出明显的周期性规律。

所以，我们可以非常明确地总结出这一规律，即投资理念的周期性轮回是一种必然现象。实际上，这种必然现象的背后往往有更深层次的原因。如果价值投资炒作达到一个阶段，往往会导致估值型蓝筹股被过分高估，被低估的成长型筹码往往实际上更加物美价廉，并且会逐步调整到更有远见的机构投资者手中，为下一轮的成长性行情孕育基础，反之也是如此。

所以，这种轮回式转换的根源是资本市场自身的内在规律——真实价值在约束着理性机构投资者的行为，保证了市场中各板块的轮动，促使股市市盈率结构调整到相对合理的水平，从而在估值体系上起到维持资本市场长期稳定发展的作用。

1.3.3 投资风格不同

如果细分价值投资与成长投资风格的不同，我们可以从以下三个角度来分析，如图 1.6 所示。

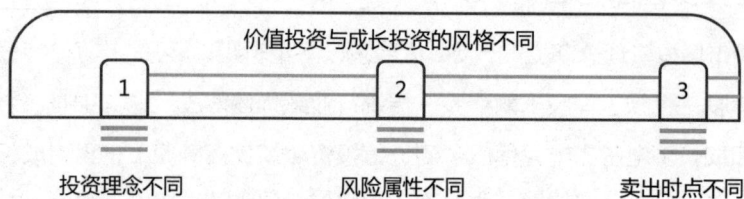

图 1.6　价值投资与成长投资的风格不同

1. 投资理念不同

价值投资法也叫"捡烟蒂"法，投资那些价格明显低于价值的股票，亏损的概率可以大幅降低。只要企业长期"价值回归"成立，早晚能赚钱。

而成长投资则不一样，在成长投资者眼中，哪怕现在企业价值只有 1 元，而股票的价格是 2 元，只要企业的成长性高，那这只股票就值得投资。

价值投资更看重现在的安全边际，而成长投资更看重企业的未来发展。

2. 风险属性不同

由于价值投资主要投资安全边际高的企业，企业的股价已经低于其价值，这样的企业再度大幅下跌的概率低，所以价值投资型基金风险较低。

而成长投资则主要投向企业未来，而未来是具有不确定性的。所以一旦企业遭遇"黑天鹅"事件，其估值可能在一夜之间土崩瓦解。所以，成长投资的风险较大。当然，风险大的同时预期收益也高，一旦企业利润实现了快速上涨，那么成长投资往往会收获面颇丰。

3. 卖出时点不同

价值投资往往在股票价格超过企业价值就会卖出，然后再次寻找低估值企业。

而成长投资则是只有认为企业未来成长速度会降低，或者不认可企业未来成长性的时候才会卖出。

总之，价值投资与成长投资的风格不同，但是这两种投资风格也绝对不是"水火不容"的，但如今正是要慢慢地融为一体。

第 2 章

寻找行业成长股

在沃伦·巴菲特的投资理念中，选股一直坚持三好原则："好行业、好企业、好价格"。三好原则成功的关键是第一步，一定要确保自己在一个好行业中，投资成长股。那么，怎么才能选择一个好行业呢？

2.1 行业分类标准

在股市行情中，能引起上证指数暴涨的个股和板块，基本上都是周期股，作为短线投资者，可以捕捉这样的机会；但是作为成长股投资者，你需要的是等待目标个股达到进场位置，在做好风控的前提下，买入并持有即可。仓位可以随着指标线风险的释放而逐渐增加。

那么如何找到能忽略大盘走势而走出独立行情的个股呢？这是作为一个成长股投资者最为关心的事情。既然选择了成长股，那么当然是希望它能走得比价值股更快，上涨得更好，能带来更大的收益率。

只有在好的行业里面，才能大概率找到好的成长型公司，才能增加买到牛股的概率。所以在买入之前，你需要知道行业的分类、知道哪些行业容易出现牛股。

根据行业的性质，可以分为增长型、周期型、防御型行业，如图 2.1 所示。

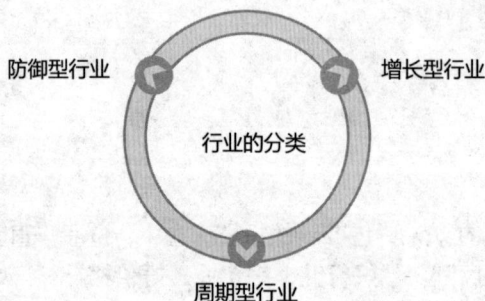

图 2.1　行业的分类

1. 增长型行业

增长型行业发展状态与国民经济活动的周期及振幅无关，增长型行业股价收益及股价往往由其自身状态决定，例如计算机、互联网、高科技技术行业等。

2. 周期型行业

周期型行业和国民经济周期密切相关，多为传统行业，而且多是生产资料的制造企业，例如钢铁、煤炭、化工、耐用品制造业、奢侈品的消费行业等。

3. 防御型行业

防御型行业不受国民经济周期影响，它们的获利稳定性来自市场稳定的需求状态，通常属于特定消费资料的制造企业，而且往往是必需消费品的供应企业。

例如食品业和公用事业，无论经济多么不景气，人们对食品、水、电、煤等的需求总是少不了的。其中容易出现超级成长股的行业包括：消费零售业，科技、电脑、软件及相关产业，生物科技、医药业，休闲娱乐业。

关于消费零售业，一个国家和民族的文化，决定了这个国家的消费习惯，从而决定了公司的盈利情况。所以，在消费零售业里面的一些充满民族特色的公司，将会在时间的见证下，成长为超级大牛股。

既然美国的麦当劳、可口可乐能成为超级大牛股，那么我国的白酒股和民族特色食品公司也能走出一些超级大牛股行情来，这是国民的消费习惯决定的。中国作为一个人口大国，有庞大的消费市场。作为一个普通投资者，如果你无法识别哪个高科技公司能成为下一个超级大牛股，那么就可以从身边的医药、医疗保健和消费零售业股里面找到让你满意的成长股。

2.2 产品生命周期

产品生命周期，亦称"商品生命周期"，是指产品从投入市场到更新换代和退出市场所经历的全过程，是产品在市场运动中的经济寿命，是产品在市场流通过程中，由于消费者的需求变化以及影响市场的其他因素所造成的商品由盛转衰。

产品生命周期主要是由消费者的消费方式、消费水平、消费结构和消费心理的变化决定的。

2.2.1 阶段机会

众所周知，一个产品（行业）的生命周期，其实是经历了四个阶段：产品导入期、产品成长期、产品成熟期和产品衰退期，这四个阶段的净利润、销量、成本用市场渗透率来衡量。

1. 产品导入期

在产品导入期，产品类型、特点、性能和目标市场方面尚在不断发展变化当中，产品质量有待提高，产品用户很少，只有高收入用户会尝试新的产品。为了说服客户购买，导入期的产品营销成本高，广告费用大，而且销量小，产能过剩，生产成本高，经营风险较大。

在这个阶段，产品的独特性和客户的高收入使得价格弹性较小，但是销量小使得净利润较低。企业的规模可能会非常小，只有很少的竞争对手。

2. 产品成长期

在产品成长期，各厂家的产品在技术和性能方面存在较大差异，产品销量上升，产品的销售群已经扩大，消费者对质量的要求不高，广告费用较高，但是每单位销售收入分担的广告费在下降。

这个时期，产品价格最高，单位产品净利润也最高，经营风险虽然有所下降，但同时竞争却在加剧。

3. 产品成熟期

在产品成熟期，产品逐步标准化，差异不明显，技术和质量改进缓慢，新客户减少，主要靠老客户的重复购买支撑。市场巨大，但已基本饱和，生产稳定，局部生产能力过剩。

在这个时期，销售额和市场份额、盈利水平都比较稳定，现金流量变得比较容易预测。产品价格开始下降，毛利率和净利润率都下降，利润空间适中，竞争者之间出现价格竞争。

此时，经营风险主要体现在稳定的销售额可以持续多长时间以及总盈利水平的高低。

4．产品衰退期

在产品衰退期，各企业的产品差别小，因此价格差异也会缩小。为降低成本，产品质量可能会出现问题。市场上已经出来创新替代产品，客户对性价比要求很高。在此时期，产能严重过剩，只有大批量生产并有自己销售渠道的企业才具有竞争力。

产品衰退期，产品的价格、毛利都很低。只有到后期，多数企业退出后，价格才有望上扬，此时会有些竞争者先于产品退出市场。

2.2.2　投资区间

明白了对于产品生命周期区间的划分，那么，对行业成长股选择就有了大概的逻辑轮廓。

根据产品生命周期可知：行业成长股投资者应选择在行业导入期和成长期进行投资。这个区间很容易能抓到"戴维斯双击"，享受业绩增长和估值上涨的超额收益。

例如，智能手机的导入期是 2009—2011 年，成长期是 2012—2013 年，2014 年至今进入成熟期。在成熟期诞生了一大批优秀的企业，如华为、联想、魅族、锤子等，最典型的要数小米，小米 2010 年成立，伴随智能手机行业成长，从无到有。当前智能手机渗透率已经达到 90%，几乎人手一部智能手机，行业成长空间已经触及天花板，未来发展只能依靠创新，创新做得好的企业，将会越做越大；反之，将被市场淘汰。

当前处于导入期的行业有很多，从投资成长性 A 股的角度来说，这些行业才是值得选择和期待的，典型的有新能源汽车、大数据、机器人以及精准医疗等。

在国家产业政策的引导下，新能源汽车替代燃油汽车的征程已经开始。截至 2015 年年末，我国新能源汽车累计产能达 37.90 万辆，同比增长 4 倍。其中，纯电动乘用车生产 14.28 万辆，同比增长 3 倍；插电式混合动力乘用车生产 6.36 万辆，同比增长 3 倍。纯电动商用车生产 14.79 万辆，同比增长 8 倍；插电式混合动力商用车生产 2.46 万辆，同比增长 79%。

根据上述分析，新能源汽车于 2015 年处于导入期早期，未来将达到导入期的末期，新能源汽车将进入成长期。当前的快速增长仅仅是开始，新能源汽车的征途将远不止于此。

2015 年，A 股盘面的走势已经反映了市场预料，可以预见的是，新能源汽车行业的上游（锂资源）、中游（电解液、锂电池、正负极材料）、下游（整车、充电桩）将会出现一大批的成长性牛股。

时代的浪潮总是一波接着一波，原来小的会变大，新的会变老，推动未来发展的一定是新行业，比如无人驾驶技术、VR、5G、新能源、生物技术、基因工程以及人工智能等，这其中任何一个行业都会对当今世界带来巨大的改变。可以说未来 20 ~ 30 年与目前会完全不一样，我们正站着人类社会的一个转折点上。

以色列新锐历史学家尤瓦尔·赫拉利撰写的《人类简史》认为，这个转折点会让人进化为"神"。为什么他敢如此大胆预言？因为技术发展有加速效应，速度会越来越快，科技的加速效应让过去 1000 年的变化还抵不上今天 10 年的变化，它们共同推动了历史的发展进程，推动了人类的进步。

2.3 行业竞争程度

在某一市场中，按商家数量的多少与集中程度可以分为四种市场类型：完全竞争类型、垄断竞争类型、寡头垄断类型、完全垄断类型，如图 2.2 所示。下面对于四种市场类型的不同点从含义以及存在的条件、竞争方式等角度进行讲解。

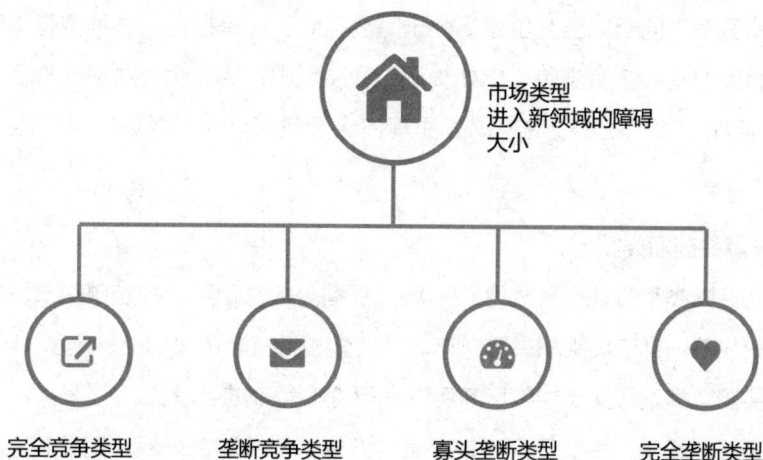

图 2.2　四种市场类型

1. 完全竞争类型

完全竞争类型市场是指竞争充分而不受任何阻碍和干扰的一种市场结构。在这种行业结构当中，每一个厂商提供的商品都是同质的，行业内所有的资源具有完全的流动性，并且行业中所有信息是完全公开的。

在完全竞争类型行业当中不存在交易者的个性，不存在现实经济生活中的真正意义上的竞争。因此可以说在现实生活中真正的完全竞争行业是不存在的。通常只是将一些农产品市场看成比较接近完全竞争市场。完全竞争厂商没有控制自己产品价格的能力，只能被动接受市场整体供求所决定的均衡价格。

完全竞争类型市场中生产者众多，生产资料完全流通，产品无差别。这类行业营业业绩波动大，无法长期获利，股票价格波动也比较大。

2. 垄断竞争类型

垄断竞争类型行业是指一个市场中有许多厂商生产和销售有差别的同种产品，是比较接近完全竞争市场的市场结构。在现实生活中，垄断竞争的市场组织在零售业和服务业当中十分常见。

垄断竞争类型行业当中的厂商经常会使用非价格竞争手段。经济学家张伯伦认为在垄断竞争行业当中，销售量不但受价格的限制，而且受到销售者的产品性质和广告支出的影响。垄断竞争是在能够自行决定价格的厂商之间进行的价格、质量、服务和广告的竞争。

垄断竞争不同于完全竞争也不同于完全垄断，而是指生产同种但是不同质量的产品，既有垄断又有竞争，例如啤酒、服装、电器等。企业对产品价格有一定的控制能力。作为股票投资建议关注规模大、质量好、服务好、品牌名气大的公司。

3. 寡头垄断类型

寡头垄断类型行业又称为寡头市场，是指少数几家厂商控制整个市场的产品生产和销售的一种市场组织。寡头市场是比较接近垄断市场的一种类型。

寡头垄断类型行业当中的厂商可以使用价格竞争的手段。

在寡头市场上，寡头厂商能够以某种方式"勾结"在一起，使其共同利润最大化。目的是使共同的利润最大化。为了实现这一目标，寡头厂商通常就价格、产量、市场等内容达成协议，以便协调行动，共同"对付"消费者。

简言之，寡头垄断是指生产某种产品占据很大的市场份额的情况，它的特点是企业数量少，生产量很大，门槛很高，一般具有资金密集和技术密集属性。投资者可以多多关注例如移动通信、汽车制造等行业。

4. 完全垄断类型

完全垄断类型行业是指整个行业中只有唯一一个厂商的市场组织。形成这种完全垄断类型的主要原因是：独家厂商控制了生产某种商品的全部资源或基本资源的供给；独家厂商拥有生产某种商品的专利权；政府的特许；自然垄断。

完全垄断是指生产某种特别的产品，没有其他产品可以替代。其特点是市场被独家企业控制，其能够决定价格或者产量。

在完全垄断类型行业当中，厂商常用的竞争手段为价格歧视。价格歧视实质上是一种价格差异，通常指商品或服务的提供者在向不同的接受者提供相同等级、相同质量的商品或服务时，在接受者之间实行不同的销售价格或收费标准。价格歧视是一种重要的垄断定价行为，是垄断企业通过差别价格来获取超额利润的一种定价策略。

虽然垄断被广大消费者厌恶，但是对于投资者来说却是一个很好的机会。我们投资股票就是要找具有垄断优势的行业或公司，当然完全竞争行业的公司，只要够优秀，价格够便宜你也可以投资。

2.4 行业选择标准

你也许又会问：选择行业成长股的逻辑原则和具体衡量指标又是什么呢？

2.4.1 行业逻辑原则

根据生命周期理论的划分，选择行业成长性 A 股应坚持以下几个逻辑原则，如图 2.3 所示。

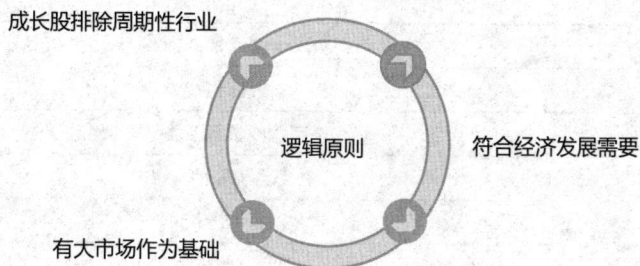

成长股排除周期性行业

逻辑原则　　符合经济发展需要

有大市场作为基础

图 2.3　选择行业成长性 A 股的逻辑

1. 符合经济发展需要

中国被誉为世界工厂，制造业的成长速度比较快，所以格力电器、福耀玻璃等制造业高速成长。过去 20 年，中国一个巨大的变化是从农业国家变成了工业国家，城市化进程催生了很多的大型房地产企业，比如万科、恒大以及碧桂园等。

那么未来中国经济会如何发展？肯定不再会是原来的那些大公司领头了，它们已经走过了高速成长阶段，从成长股变成了蓝筹股，代表的是过去经济的发展阶段。未来中国的制造业发展方向是向高端"智造业"进行产业升级，比如新能源汽车、芯片制造、人工智能等，这是一个重要的投资方向。

2. 有大市场作为基础

如果市场不够大，那么天花板很容易就达到了。什么行业的市场最大？答案是人人需要的消费品和医药行业。这两个行业过去几十年诞生了很多高速成长的公司，未来一定还会诞生更多好公司。这两个行业是唯一不会被市场淘汰的，因为这是人类所必需的行业。

3. 成长股排除周期性行业

你追求的成长性A股是50倍、100倍的利润增长，只有长期地持有才能做到。而周期股跟随经济周期的脚步不断起起落落，成长的脚步很容易停下来，所以周期性行业，投资者要排除在外。

2.4.2 行业成长股衡量指标

对于行业成长股，在中国A股市场有以下几条标准供投资人士参考，见表2.1。

表2.1 衡量成长性A股的标准

序号	衡量成长性A股的标准
1	成长性行业
2	小市值成长型企业
3	企业家高瞻远瞩
4	业绩持续增长
5	现金流健康

1. 成长性行业

成长股是阶段性的，也有时效性的。在行业快速发展的时候，优秀的企业脱颖而出，当时它乘风破浪属于成长股，但随着企业不断发展，市场占有率扩大，行业的集中程度变大。企业则慢慢地由成长性股票转变为成熟性企业，或者在资本市场上被称之为蓝筹股。蓝筹股也是优质股，属于低估值价值投资方向，说明成长价值投资可以切换成低估值价值投资。

按照A股过往的经验，在不同时期有不同的成长股。在20世纪90年代，成长型股票中最为典型的是家用电器股票，当时每家每户都开始购置电器，特别是彩电，类似长虹、TCL这些品牌的业绩在当时年年保持高速增长。

在2005—2007年的那波大牛市中，正赶上中国城镇化大发展，房地产企业快速成长，类似万科A、保利地产当时迎来一波大发展时期，是当时典型的成长股。同时，地产行业的快速发展也带动了重型工程机械的爆发，中联重科这类重工类股票的业绩也一飞冲天，成为当时的成长股。

此外，还有汽车的需求推动汽车板块的成长。从上面简单的几个例子可以看到，投资事实来源于生活，时代在发展，哪一类企业影响到了我们的日常生活，这些行业有可能就是成长型行业。

在成长型的行业中挑选有市场潜力的股票，极有可能挑选到优质成长股。

未来哪些行业有可能发展成为我国的支柱产业？我认为有几个方向可以供投资者挖掘。比如新兴材料、高端制造、生物制药、新能源等都是新兴的行业，是时代发展的必需。当然，这一切都需要结合互联网的发展，所以互联网也是一个长期处于"风口"的好行业。

2. 小市值成长型企业

一般将市值大小做这样的分类：总市值小于 50 亿元的归为一类；市值 50 亿 ~ 100 亿元的归为一类；市值 100 亿 ~ 200 亿元的归为一类；200 亿 ~ 500 亿元的归为一类；500 亿元以上的市值归为一类。

显然，要选择成长股市值小于 500 亿元以内的比较好。

事实上，我们通过对过去具有较高成长性公司的梳理发现，大多数成长较快的公司市值都在 100 亿元以内。这非常好理解，公司越小，代表公司越年轻，当然增长更快。

3. 企业家高瞻远瞩

企业家的故事讲得好不好，关键是要对所讲的故事负责，一个没有结局的故事是没有意义的。在 A 股市场，个股的炒作大部分是由于企业家在讲故事或者通过市场运作来获得市场青睐。正所谓市场喜欢什么，有些上市公司就给什么。特别是 2015 年股灾后虚拟现实炒作得如火如荼，有些上市公司直接跳出来公布收购主营虚拟现实业务的公司。这样的现象比比皆是，但最终有多少企业是真正想在这个路上获得发展的？

那么，投资者如何观察到企业家具有高瞻远瞩呢？

其实就是靠读财报。投资者要非常关注董事会报告的内容。优秀的企业财报会将公司去年的总结、明年的目标讲得非常清楚，而且在下一年还会细细盘点这一年的表现，如此循环。还有一类企业，在财报开篇还会有董事长的寄语，这是属于有情怀的公司，说明其管理层具有相当高的管理水平。

有些企业财报如记流水账，若投资者完全读不出管理层的水平，可以读一读优秀上市公司企业的财报，跟这些流水账一对比就清楚了。特别是读完那些业绩差、亏损型的企业财报之后，你会发现它的亏损是必然的。虽然财务上有所润色，数据上我们不一一做对比，但财报的内容跟公司的盈利水平还是呈正相关的。

4. 业绩持续增长

成长股最关键的衡量标准是业绩的可持续增长。很多私募基金默认的衡量业绩标准为——连续 3 年营业收入同比增速大于 30%，净利润大于 25%。

当下，A 股的上市公司所有行业平均净利率为 10% 左右，若是高于此值，则说明公司运作不错。对于负债率而言，适当利用杠杆是提高净资产收益率的好方法。

从行业的角度来讲，不同行业的负债率不同，像房地产行业注定是高负债率的行业。而对于普通企业来说，一般的负债率以 50% 为警戒线，超过此值的需要从中分析清楚公司的负债是由哪些要素构成的。

5. 现金流健康

不管一家企业的商业模式多强大，壁垒多高，一旦现金流出现问题，都会面临破产的危机。现金流共分为三大部分，其中，经营现金流（即公司通过日常经营获取的现金流）最为关键，一家企业在此项能持续为正，则证明公司收入能抵开支。若长期为负，则该企业可能现金流转有问题。

在这里需要特别强调的是，看企业现金流应以年度为宜，因为有些企业的现金流受到季节性因素的影响，可能第一季度至第三季度现金流为负，但全年则显示为正。

2.5 五步法选择行业方向

上面大多是基于行业分析框架的讲解，投资者不仅需要构建行业分析的基本框架，同时还需要能够将所搭建的框架以及基础知识应用到实战当中。

以下为笔者个人总结出的选择行业方向的"五步法",如图 2.4 所示。

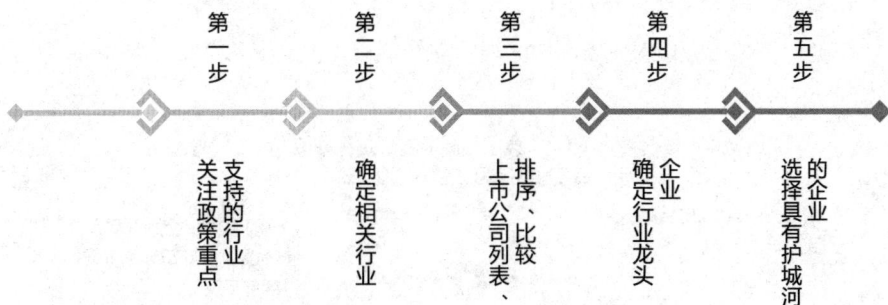

第一步　关注政策重点支持的行业

第二步　确定相关行业

第三步　上市公司列表、排序、比较

第四步　确定行业龙头

第五步　选择具有护城河的企业

图 2.4　选择行业方向"五步法"

2.5.1　关注政策重点支持的行业

进行行业分析的第一步就是要确定国内目前的经济特点,比如 2017 年过剩产能供给侧改革导致资产价格出现逆转,而民营企业由于上游成本的抬高,低质、低价消费品的生产商利润被挤压,出口压力更大。

投资过程中想要确定目前国内的经济特点,可以参考政策导向。国家鼓励支持的行业更容易获得资金的支持。国家政策是影响行业发展的重要因素,要关注国家政策支持的行业,比如战略新兴产业。例如近几年的芯片行业、5G 网络行业、新能源汽车行业等,都有国家政策的扶持。但要注意的是,在股票二级市场很容易形成概念,造成讲故事多于内容。

同时,近些年国内消费水平升级,消费类行业随着国民收入的提升而升级。

这样你就得出了基本上的行业方向,一个是做周期,另一个是做高附加值的行业。这里面很可能含有虚假的内容,但是基本上可以让你避免进入一个完全夕阳的产业,以免耗费资金和精力。

2.5.2　确定相关行业

确定相关行业十分重要,你需要把一个行业尽可能地细分。两个企业是不是同行业看什么?看这两个企业产品有没有替代性,就是我可以占有你的市场,你可以占有我的市场,这才是同行业。

而如果一家粗钢企业和一家铸铁管企业,虽然都是钢铁业,其实质是没有交叉的。所以，这一步的内容我们要剔除出特质型的企业，让整个行业的企业列表看上去符合逻辑。

在确定相关行业以及产品的过程中，总结出以下几点选股逻辑，如图 2.5 所示。

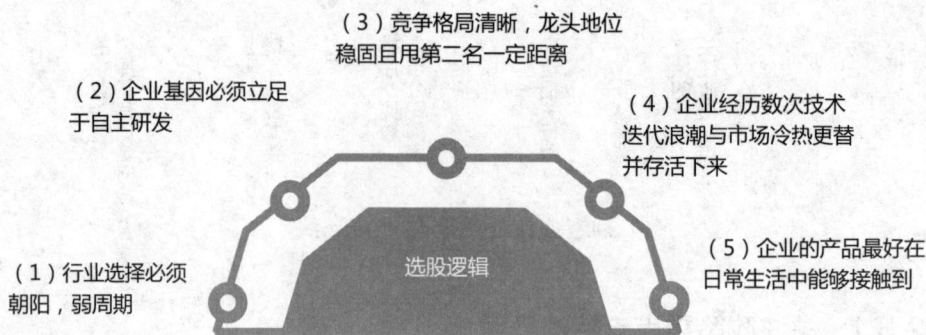

图 2.5　选股逻辑

2.5.3　上市公司列表、排序、比较

你需要做一个巨大的行业内所有上市公司列表，这个列表属于同一个细分，所有的企业产品之间都有竞争性，然后问自己一个问题，这个行业的产品有新产品取代吗？新产品将全行业产品取代的事情时有发生，因为科技发展日新月异，所以这也是你考验行业质量的一环，如果有新产品取代，就换一个未来会取代这个行业的企业列表；如果没有，把这些企业市值从大到小排序，找到市值最大的一家，同时再用营业收入排序，看市值最大的企业是不是同样营收最多。

一般情况下，市值最大企业的营收也是行业内数一数二的，如果有特殊情况，则选择营收最高的两家公司，并对自己提出两个问题：这个行业是否受规模壁垒的影响？这两个企业是否为这个行业的市场支配者？

通过对行业内上市公司进行列表比较分析，能够更加明确自己究竟有哪些选择，在确定最终投资股票的时候能够做到心中有数。

2.5.4　确定行业龙头企业

在分析行业投资方向时，应当确定行业龙头企业。如果了解到龙头企业具备规模壁垒优势,就基本可以稳定持有龙头企业了,一般股价波动较小,未来很稳健。然而某些情况下事实可能并非如此。一个龙头企业可能只占有 10% 的市场份额,而后面几位都占有 7% 或者 8%,优势不明显,比如银行业;或者这个行业本来就不靠规模,比如创意产业。

如果大公司不具备竞争优势,那么就放弃找大公司,而找小公司。市值从下往上找,由于没有规模壁垒优势,这个行业新进入者比较容易做到中等规模。而且小公司也有灵活的优势,掉头迅速,转型简单。但是应切记,市盈率、市净率或者市销率应当符合自己心中的逻辑,不要过于冒险。

2.5.5 选择具有护城河的企业

最后,就是在列出的企业当中选择具有强大护城河也就是具备竞争优势的上市公司即可。在选择公司之前,首先打开目标公司的网站,查看财务报表、新闻内容等,做下一步细化分析。

当然有一个建议,对于小散户投资人,毕竟信息渠道有限,则应当多去投资人互动平台看看,以此能够更加深入企业信息当中。

行业分析最重要的部分有以下两点,如图 2.6 所示。

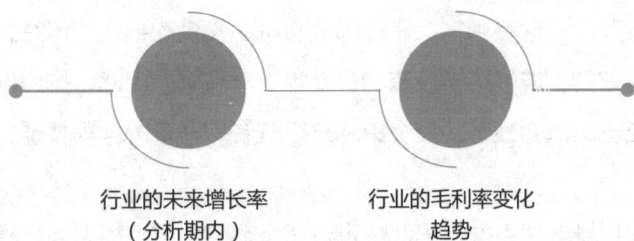

行业的未来增长率　　　　行业的毛利率变化
（分析期内）　　　　　　趋势

图 2.6　行业分析两个重点

这两点是行业分析所要关注的最重要的要素,如果无法对增长率和毛利率两个要素给出预测,分析是不完全的。在这样的框架内,问题是有层次而且是自上而下的,剩下的问题都需要围绕上述两个问题展开。

所有行业分析的重点,基本上要么归结为对未来增长率的判断、要么归结为对未来毛利率的判断。对于增长率的判断包括历史增长率、发达国家市场规模、国家对行业的规划、业内人士的判断等。对于毛利率的判断包括行业门槛、上下游议价能力、技术进步的可能性、替代者的替代效应、不同公司的产品同质化程度。

上述五步法比较笼统，投资者需要根据行业的特点，进行具体分析。

2.6 在能力圈内选行业

芒格曾经说过："谁能告诉我将死在哪里，我就永远不去那里。"这句话的意思可以理解为，永远不要做自己不了解的事情，不要做超出自己能力圈的事情，否则将不知道自己是怎么"亏死"的。

投资人如果都能够守好自己的能力圈，超出能力圈范围的股票不去买入，那么你亏钱的概率就会极大地降低，在股票市场里就是这样，不是赚钱就是亏钱。如果你能够保证自己不亏钱，你已经战胜了 80% 的市场参与者。

2.6.1 打造自身能力圈

在纷繁的投资市场当中，行业的分类十分广泛，行业也包含了社会中的"三百六十行"，在这其中，每一行都具有可以投资的机会。但是，每一个投资者的精力是有限的，能够用于投资的资金也十分有限。因此，按照投资大师们提出的"打造自己的能力圈"的投资策略是投资者们必备的一项技能，同时也是一条捷径。

对于打造自身的能力圈，巴菲特也曾在自己的传记中提到如何画出适合的能力圈："围绕你能够真正了解的那些企业的名字周围，画一个圈，然后再衡量这些企业的价值高低、管理优劣、出现经营困难的风险大小，排除掉那些不合格的企业。"

从巴菲特的投资经历也能够看出其对于自身能力圈的把握。巴菲特致力于分析自己能力圈以内的行业，对于能力圈以外的公司，无论别人怎么看好，他都根本不理，哪怕错过再大的赚钱机会，也不会后悔。虽然他也曾说过这样一番话："我错过了参与投资手机的好机会，因为手机行业在我的能力圈之外。"但是对自己能力圈以内的公司，巴菲特会努力研究分析："我将会每次选择一个行业，逐步成为能够精通 6 个行业的专家。"

很多投资者都会有这样的想法：能力圈是个很"虚"的范畴，打造能力圈更是难上加难。但是，实际上所谓"打造自己的能力圈"，就是说要把精力集中在一个或几个经过自己对其深入研究的行业领域，并且不断对它进行跟踪研究，达到对它了如指掌的程度，以使自己能够随时把握和准确判断该市场或行业领域出现的新趋势，最大效率地利用该板块相关个股的市场机会，更好地做出正确的投资决策。

在成熟的股票市场，证券分析师都是以行业来划分的，比如金融业证券分析师、房地产业证券分析师、通信业证券分析师等，这些行业证券分析师只专注于自己的能力圈，在自己的能力圈内分析趋势，寻找投资成功的确定性。

反观 A 股的投资者，有这种意识的人不多，而这样做的人更少，不少投资者都会片面地认为找寻能力圈等同于不敢走出舒适圈、不敢冒风险、怯懦。其实，大多数投资者来自各行各业，可以说都有自己比较熟悉的细分市场或行业领域，如果善于培养自己的能力圈，对自己的投资只会是有百利而无一害的。而那些不清楚自身实力，什么股票都胡炒、乱炒的投机者，才容易在投资市场当中迷失自我，最终以亏损收场。

对于投资人来说，想要选择优秀的企业，就要坚守自己的能力圈，不要去试图从自己完全不了解的行业当中选择到一个优秀的企业去投资，不熟悉的领域就容易犯错误，这样做成功的概率是非常低的。因此，要下功夫进行行业深度研究，在研究过程中逐步打造自己的能力圈，在自己的能力圈内施展才能。有所为，有所不为，才能集中精力和资金把投资收益做到最大化。

2.6.2　巩固自己的能力圈

判定自身的能力圈范围，打造适合自己的能力圈之后，投资者还需要不断巩固自己的能力圈。我身边有不少来自各个行业的朋友都投入了证券投资市场当中，那些将自己投资爱好与专业知识结合起来的朋友不仅本职工作做得有声有色，而且在投资当中也是如鱼得水。

在我个人看来，能力圈就如同朋友圈一样，关键不在于"朋友"的多少，而在于圈中的"朋友"是否为精品。正如"拥有一个真正的好友足够你幸福一生"这句话所说的一样，选择一个在自身能力圈内的好公司就足以让你享用一辈子了。

1951 年，20 岁的巴菲特发现格雷厄姆是 GEICO 公司的董事会主席后，开始对这家公司产生兴趣。对此，巴菲特也多次说过："我 20 岁时把自己一半的财产都投资到了 GEICO 股票上。对你的能力圈来说，最重要的不是能力圈的范围大小，而是你如何能够确定能力圈的边界所在。如果你知道了能力圈的边界所在，你将比那些能力圈虽然比你大 5 倍却不知道边界所在的人要富有得多。"

价值投资并不是具体的某一个估值公式、某一只大牛股，而是悟出你的能力圈，悟出你看得懂什么行业，如何去做，如果调整自我。正如笔者曾经说过的那样："成功投资人的优点是执着，失败者的缺点是好高骛远且超越自己的能力圈。"

2.6.3　坚守自己的能力圈

投资者不但要建立、巩固自己的能力圈，还要严格执行能力圈的原则，做到知行合一才能做好投资。有些投资者虽然在自己的能力圈范围内投资，但由于人性上的弱点，没有做到知行合一，最后反而把投资做砸了。

纵观巴菲特过去 40 多年的股票投资组合，你会发现巴菲特长期持有自己从小就非常熟悉的公司：他 6 岁就卖过的可口可乐，他 13 岁开始做报童送了三年的《华盛顿邮报》，他经常使用其信用卡的美国运通，他天天用的吉列剃须刀，几乎没有一家是高科技企业。

20 世纪 90 年代后期，网络高科技股大牛市，巴菲特却一股也不买，尽管这让他在 1999 年盈利只有 0.5%，而当年股市大涨 21%。结果从 2000 年开始，美国股市网络股泡沫破裂，股市连跌三年，跌幅超过一半。巴菲特这三年却盈利 10%，大幅跑赢市场。

这正是体现了巴菲特的超强自制力，总是坚守自己的能力圈："对于大多数投资者而言，重要的不是他到底知道什么，而是他们是否真正明白自己到底不知道什么。我并不是一个天才。但在某些方面相当聪明，我就一直专注于这些方面。我认为这同样适用于股票投资。"

同时，巴菲特还解释说："我们努力固守于我们相信可以了解的公司。这意味着那些公司具有相对简单且稳定的特征。如果企业业务非常复杂而且不断变化，那么我们就实在是没有足够的聪明才智去预测其未来现金流量。碰巧的是，这个缺点丝毫不会让我们感到困扰。对于大多数投资者而言，重要的不是他到底知道什么，而是他们是否真正明白自己到底不知道什么。只要能够尽量避免犯重大的错误，投资人只需要做很少几件正确的事情就足以成功了。"

可以看出，坚守自己的能力圈，是指要永远只在自己熟悉的领域内投资，不管你的能力圈有多小。要坚持自己能够理解的范围，只投资自己理解的企业。面对一个不了解的行业，投资者只有以下两个选择，如图 2.7 所示。

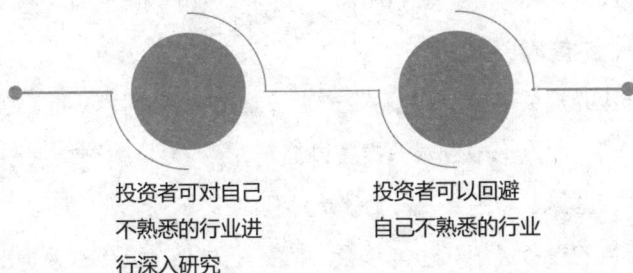

投资者可对自己   投资者可以回避
不熟悉的行业进   自己不熟悉的行业
行深入研究

图 2.7　面对不熟悉的行业投资者的行为

可以这么说，在行业研究过程中对外扩展自己的能力圈，但在投资时却一定要恪守自己的能力圈。

巴菲特始终坚持的能力圈原则，其最大困难在于，如何能够抵挡住为了追逐更多利润跨出能力圈的诱惑。对此，他曾说过："我虽然可以将资金投入到科技股上，但实际上我并不知道如何具体运用。我确信比尔·盖茨运用的是和我同样的投资原则。他理解高科技企业的方式与我理解可口可乐或吉列公司这些传统企业的方式一样。我可以肯定地说，他同样也是在寻找一个投资的安全边际，我可以肯定，他估算安全边际时，就像他拥有整个企业一样，而不是仅仅拥有一只股票。所以，我们的投资原则对于任何科技股都同样适用。只不过我们并不是能够把这些原则具体运用到科技股上的人而已。如果我们在自己的能力圈里面找不到值得投资的企业，我们并不会因此就去扩大我们的能力圈。我们只会选择耐心等待。"

事实上，在投资领域，研究能力越强的人，能力圈越大，越容易认为自己无所不能，反而容易犯下逾越能力圈的错误。盲目高估自己的能力是人类的通病，有成就的投资者更容易犯这种错误。因此，对现有能力圈的超越也是任何投资者身上不可遏制的冲动，这也是投资大师们反复强调要坚守自己能力圈的原因。

2.6.4　不断拓宽能力圈

坚守自己的能力圈，不是说只买一两只股票；认识、坚守自己的能力圈更不意味着故步自封，一劳永逸，而是要通过不断学习，提升自己的认知，不断地扩大自己的能力圈。一个人的认知能力、专业能力、投资知识，也是可以在不断的学习中逐步拓展的。特别是世界是不断变化的，只有不断学习、拓展能力才能适应这个已经变化的新世界。

在一个行业的相关知识上和发展方向上，不断去学习、去提高、去交流，并且能够持续下来，才能形成积累。投资讲复利，在学习过程中不断持续，其中也有复利的产生。世界上最伟大的发明就是复利。

分析巴菲特的投资经历，也能够看出拓宽能力圈的重要意义。巴菲特近年来开始投资并逐步重仓苹果，就是他通过学习拓展自己的能力圈从而适应这个变化了的"新世界"的最新案例。其实，早在 2011 年，从不买科技股的巴菲特就买入 107 亿美元 IBM 股票，这就是他不断扩大能力圈而做出的决策。

近年来，巴菲特多次提醒投资者，现在的世界已经是一个变化了的"新世界"。那么，这个变化了的新世界在投资领域有什么特点呢？你只要看一下现在美国市值排名前五大股票就知道了，前五名无一不是大型科技股：苹果、谷歌、微软、亚马逊、Facebook，五只科技股就占了美国股市总市值的 10%。

正是因为自身不断学习，巴菲特才能够拓展能力圈，并且在新时代发展下买入苹果等科技股，这正是因为他能看懂苹果这只科技股了。巴菲特在提到自己投资苹果公司的原因时说道："说到底，苹果更多是只消费股，从某些经济特征来看，苹果更多是一家消费品企业。"他认为，苹果是具有消费黏性的科技消费股，这能够理解，所以才不断买入成为其第二重仓股。

巴菲特不断拓展自己的能力圈，给我们普通投资者一定的启示。实际上，国内有不少价值投资者动辄以贵州茅台作为价值投资楷模，多年来的价值投资分析与实践始终离不开贵州茅台。我们也应该不断反思、不断学习，扩展自己的能力圈，深刻认识新时代下发生巨变的中国，创造出具有中国时代特色的价值投资理论。

　　并且，投资者只有通过不断学习，努力建立和拓展自己的能力圈，并严格执行能力圈的原则，做到知行合一，不断克服人性的弱点，积极主动规避风险，才能实现资产的保值、增值，提高投资收益。

第二部分
筛选成长股标准

第 3 章

筛选财务指标

在判断股票是否具有成长性时，主要看三个财务指标：一是净资产收益率，二是 PEG，三是销售增长率，这是检验股票有无成长性的试金石，也是市场衡量成长性股票的三大核心指标。

3.1 万里挑一选好财报

投资者可能看过几十家、几百家的财报，有好企业也有差企业，肯定一直在思索，优秀的成长性企业的财报特征有哪些。如果能找出这些特征，就可以按图索骥，寻找优秀的成长性 A 股。

显然，优秀的成长性企业虽然是万里挑一，但是财报特征却仍有共同点。

1. 资产负债表

资产负债表是反映企业在某一特定日期（月末、季末、年末）全部资产、负债和所有者权益情况的会计报表；是企业经营活动的静态体现；是根据"资产＝负债＋所有者权益"这一平衡公式，依照一定的分类标准和一定的次序，将某一特定日期的资产、负债、所有者权益的具体项目予以适当地排列编制而成。

它表明权益在某一特定日期所拥有或控制的经济资源、所承担的义务和所有者对净资产的要求权，它是一张揭示企业在一定时点财务状况的静态报表。

简单地说，资产负债表告诉投资者，一个企业所能运用的全部资产有多少，其中多少是负债，多少是自有资产（净资产）。也就是说，资产＝负债＋净资产。通过这张财务报表，投资者能知道企业的家底情况。

具体到挑选成长性 A 股，可参考的财务指标有股本、每股公积金以及每股未分配利润。最好是股本大小适中，每股公积金和每股未分配利润越大越好。

成长性企业的资产负债表归纳为三个特征：

（1）资产负债率不应大于 30%。一个好的企业，不会通过大量的借债、也不用通过大量借钱去产生利润。

（2）负债基本是流动负债。

（3）资产总额表现稳步增长，这足以说明企业的经营规模不断稳步扩大。

2 利润表

考察完企业家底，还要考察它是否能赚钱。如果家底好，但却是个败家子，那也不行；如果家底一般，但却很能赚钱，那也还行。于是就要看它的营收怎么样。

比如，某企业开了一家饭店，生意很红火，每年的收入很高。收入扣掉成本、费用并交完所得税后，还有很高的净利润，那就说明这家饭店能赚钱。

而这就是利润表（损益表）及其所描述的内容。利润表是按照这样的顺序记账的：收入（这是利润之源）－成本（如原材料、工人工资）－费用（如广告费等销售费用、管理层工资等管理费用、贷款利息等财务费用）＋营业外收入（如政府补贴、彩票中奖等意外之财）－营业外支出（如丢失钱包等意外损失）－所得税＝净利润。通过这张利润表，投资者就能知道这家企业的收益怎么样。

利润表从反映企业经营资金运动的角度来看，它是一种反映企业经营资金动态表现的报表，主要提供有关企业经营成果方面的信息，属于动态会计报表。

具体到挑选成长性 A 股，可参考的财务指标有：每股收益（净利润除以总股本）和扣除非经常性的、非经营性的损益后的每股收益。如果后者明显小于前者，就说明净利润里掺杂了过多的非经营性收益，其盈利能力也就没有看上去那么强。

成长性企业的利润表具有以下三个特征：

（1）产品的毛利率应大于 40%。这说明产品未处在恶性竞争环境中，如不是"蓝海"至少也不是"红海"，此类企业能够赚取和保持较好的利润。

（2）销售费用、管理费用、财务费用应占营业利润的 30% 以下，同时财务费用最好为负值。

（3）主营业务收入与以前年度相比应稳步增加，说明企业处于良性发展之中。

3. 现金流量表

考察完企业利润，还应该考察一下这家企业的现金流怎么样。所以，还要看它是否赚到了真金白银。这就是现金流量表及其所描述的内容。现金为王，通过现金流量表，就能知道公司的收益质量怎么样。

现金流量表是反映一定时期内（月度、季度或年度）企业经营活动、投资活动和筹资活动对其现金及现金等价物所产生影响的财务报表。现金流量表是原先财务状况变动表或者资金流动状况表的替代物。它详细描述了由公司的经营、投资与筹资活动所产生的现金流。

具体到挑选成长性 A 股，可参考的财务指标就是每股经营活动现金流量净额。该指标要和每股收益进行对比，越高越好，且不能长期为负。

看到这里，投资者可能会问："难道收入不是现金吗？如果没有收到现金，能算作收入吗？"这是投资者没有完全理解利润表和现金流量表各自作用的缘故。

收入和净利润，可以是没有收到现金的。也正因为如此，我们才需要同时看一下现金流量表的现金流情况。如果收入高，同时收到了现金，那就很好。

成长性企业的现金流量表具有以下三个特征：

（1）经营活动的现金净流量应为正数，并与利润表中的利润数额较为一致，至少没有明显的背离。

（2）投资活动的现金净流量最好为负数，说明企业正在扩张发展中。

（3）融资活动的现金净流量数值的绝对值的数额应较小。

例如，A 股某一家上市企业 2006—2012 年合计实现净利润 45.99 亿元，经营活动现金流净额只有 29.12 亿元，净现比不足 0.64，但它的净利润却在快速增长。如果因为净现比不够好就将它排除的话，你就可能错过了一只大牛股。

为什么会出现上述理论与实际相背离的情况？其实，每个行业、每个企业都是独特的，很难使用一套财报特征来形容企业。即使是同一个行业的两家企业，也会因为商业模式不同、产品范围不同而产生不同的财务指标。

3.2 财报中的重要财务指标

通常情况下，评价企业财务指标有以下几类，如图 3.1 所示。

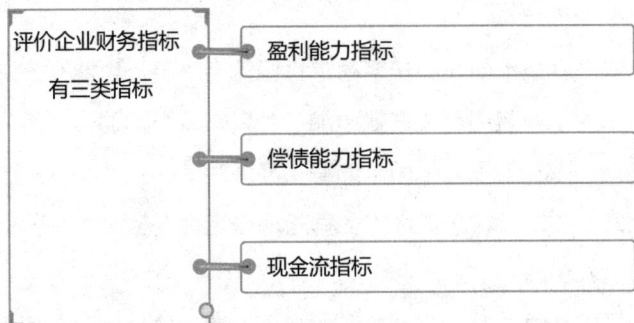

图 3.1　评价企业财务的指标

3.2.1　盈利能力指标

利润表中体现企业盈利能力的指标有毛利率、净利率等。从理论角度来说，毛利率、净利率越高越好。但是高毛利率的企业本身就属于稀缺品种，一旦出现，一定是其产品有独特竞争力或者品牌足够强大，比如贵州茅台或者恒瑞医药。大多数企业的净利率都不会太高，很多企业的净利率会随着竞争对手的增多而逐渐下滑。

1. 销售毛利率

了解完上述情况，投资者总希望进一步了解其经营的产品（或业务）的利润空间是很厚还是很薄。具体到挑选成长性 A 股，可参考的财务指标有销售毛利率。此外，还可以观察毛利率同比和环比变化的情况，销售毛利率提高为好，下降则需要警惕。

很多顶级品牌，如茅台酒、东阿阿胶等，这些产品与其他同类公司的产品相比成本差不多，但它们却售价高且不断提价，而销量不仅不受影响甚至不降反增，这样的产品销售毛利率就高。总之，销售毛利率高，说明产品好。

2. 销售净利率

两个产品，同样的销售毛利率，甲花了大量的广告费，而乙没做广告，显然，乙最终的净利润就更多。也就是说，挑选成长性 A 股时，我们需要考虑的除了成本，还有费用（如广告费等销售费用、管理层工资等管理费用、贷款利息等财务费用）。成本低（毛利率高），费用也低（净利率也高），才是最佳选择。

销售净利率 =（收入 - 成本 - 费用）/ 收入。销售净利率高，说明费用低、管理好。

此外，净资产收益率如果能长期稳定且保持高水平，也能充分说明企业管理上的高效率。因为企业盈利后资产就增加了，只有将增加的资产用于创收，而不是挥霍在不能产生效益的投入上面（如购买高级轿车），其净资产收益率才能保持不变（或上升）。因此，净资产收益率长期稳定地保持高水平，也是一家企业管理优秀的突出表现。

具体到选择成长性 A 股，可参考的财务指标有销售净利率。还可以观察净利率同比和环比的变化情况，提高为好，下降则要警惕。

3. 预收款项增幅

投资者还可以从财务报表提前预知企业增长的潜力。比如，经营活动现金流量净额大增，这就说明企业收到的现金大增，这往往预示着企业经营的景气度趋强。

如果资产负债表里的预收款项大增，则说明企业的产品在市场上很抢手，企业产品很强势，有定价权，以至于需要买方先交预付款。卖方收到预收款项，待完成发货后，预收款项才能转化为收入和利润（若尚未交货，就是交易尚未完成，也就不能确认收入）。所以，预收款项可以认为是利润的蓄水池，当然是越多越好。

具体到选择成长性 A 股，可参考的财务指标有预收款项。预收款项越大越好，增幅越高越好。此外，还可以对比每股经营活动现金流量净额与每股收益，每股经营活动现金流量净额越高越好。

3.2.2 偿债能力指标

对于偿债能力，很难评价是高好还是低好，因为很多时候，尤其是快速发展的时候，企业是需要借助外债的，合理的外债有时是企业弯道超车的助力。

资产负债表中体现的企业偿债能力指标有资产负债率、流动比率、速动比率等。上市企业的偿债能力一般都不会有问题，因为可以增发募资。而直到 2018 年"去杠杆潮"，企业偿债能力的重要性才凸显出来，这场浪潮中，因为去杠杆导致偿债能力出现问题而股价暴跌的公司至少占了总数的 50%。

投资不能只看收益，还要看风险。高收益、低风险才是投资者的最爱。

企业可以借钱，如向银行贷款。只要借款利息小于通过借款赚得的净收益就划算，所以企业可以通过提高负债比率（赚更多的净利润，而净资产不变），来提高它的净资产收益率。

但债务总是要还的，利息是固定的，高负债比率在经营好的时候还可以，一旦遇到经营风险，它会让企业雪上加霜甚至破产。所以高负债无疑是一种潜在的风险因素。负债率较低、盈利较好的企业，不仅安全性较高，也表明企业财务上有运用财务杠杆的余地。因此，投资者在看净资产收益率的同时，还要看负债率。

资产负债率的计算公式为：

资产负债率 = 负债 / 总资产。其中，总资产 = 负债 + 所有者权益。

资产负债率为 50% 时，就相当于 1 元的净资产，对应 1 元的负债。而 75% 的资产负债率，就相当于 1 元的净资产，对应 3 元的负债，这无疑是极高的负债水平了。

所以，一般要求企业资产负债率低于 50%。主要是为了防范过高的债务风险；另一方面也是为了防止过高的负债扭曲了净资产收益率的水平。同样的净资产收益率水平，负债率越低越好。同样的投资，风险系数越低越好。

3.2.3　现金流指标

我们要的是那种后续不需要很多再投入就能维持正常运转和发展的公司，是那种每年赚的钱能够随时自由地拿走消费而不会影响公司正常运转和发展的公司。这种能自由使用的钱才是真正的钱，财务指标上称为自由现金流。

自由现金流 = 经营活动现金流量净额 − 资本支出。资本支出，就是为维持正常运转和发展所需要进行的支出，如装修场地、更新设备等。显然，自由现金流的多寡是衡量一个企业好坏的重要参考。

具体到选择成长性 A 股，现金流量表中体现的现金流指标有收现率、净现比等。

（1）收现率要约等于 1+ 增值税税率，只有这样才能保证收入能够全部收回。

（2）经营现金流量净额可以适当放宽，很多优秀企业快速发展时期净现比会变得更小，因为规模的快速扩张使得企业需要支付大量现金购买原材料。

（3）很多时候是行业性质决定了企业的现金流，这个时候如果局限于净现比，可选择的行业成长股会大幅减少。

3.3 成长性的关键财务指标

是否具有成长性，还是要从会计报表里看数据找证据。如果今年前三季度的收入比去年同期高，说明同比在增长；如果今年第三季度比今年第二季度的收入高，那就说明环比在增长。如果从报表里找不到这样的迹象，就很难确信它在增长或成长。

所以，投资者看一下企业的收入、利润以及现金流的同比、环比数据，一般就知道其成长性如何了。过去和现在虽然不能等于未来，但却可以预测未来的表现。一个成绩一直优秀的学生，未来考上大学的可能性肯定要大于成绩一直普通的学生。

在判断股票是否具有成长性时，主要看三个财务指标：一是净资产收益率，二是 PEG，三是销售增长率，这是检验股票有无成长性的试金石，也是市场衡量成长性股票的三大核心指标。

3.3.1 净资产收益率（ROE）

乍看起来，好企业的财报特征似乎很难总结，但是有一个指标融合了以上的主要指标，那就是净资产收益率（ROE）。

净资产收益率是反映上市公司盈利能力及经营管理水平的核心指标。该指标无论在定期报告，还是临时报告中，都时常出现，深刻理解其内涵，了解其功用，是投资者提升基本面分析能力的必由之路。

什么是净资产收益率？

净资产收益率的计算公式为：净资产收益率 = 净利润 / 净资产。

在上市公司的资产中，除去负债，其余都属于全体股东，这部分资产称为净资产（所有者权益）。净资产就如同做生意当中的本金。如果有两家上市公司，A 公司一年赚 1 亿元，B 公司一年赚 2 亿元，仅从这个数据无法判断哪家公司经营得更好。

因为我们不知道，A、B 两家公司赚这些钱时用的本金（净资产）是多少。如果 A 公司的净资产是 5 亿元，B 公司的净资产是 20 亿元，可以肯定地说，A 公司的盈利能力要比 B 公司强很多。因为 A 公司的净资产收益率是 20%，而 B 公司则是 10%。

净资产收益率也是沃伦·巴菲特最为推崇的指标之一。沃伦·巴菲特表示，ROE 能常年持续稳定在 15% 以上的公司都是好公司，可以考虑买入，ROE 超过 30% 则是凤毛麟角。

比如，某成长性 A 股上市公司的 ROE 为 30%，意味着股东投入 1 元，一年可以赚回 0.3 元，3.3 年就可以收回投入成本。

净资产收益率＝净利润/净资产＝（净利润/销售收入）×（销售收入/总资产）×（总资产/股东权益）＝净利率 × 资产周转率 × 权益乘数

可以把 ROE 拆解成盈利能力（利润表）、运营能力（利润表和资产负债表）和偿债能力（资产负债表）三个指标。

我们又可以把高 ROE 拆分成三种模式：高利润率模式、高周转模式以及高杠杆模式，如图 3.2 所示。

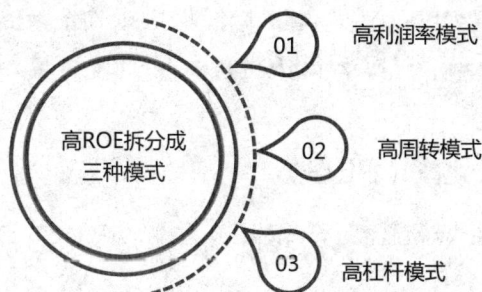

图 3.2　高 ROE 拆分成三种模式

1. 高利润率模式

高利润率的代表有贵州茅台、恒瑞医药等，比如贵州茅台的净利率一直维持在 45% ~ 55%，正是这种高净利率带来了贵州茅台 25% 以上的 ROE。高净利率最容易带来高 ROE，但是高净利率很难维持，除非是产品竞争力强或者品牌强大（比如奢侈品品牌）。

2. 高周转模式

高周转模式的典型企业如沃尔玛，其净利率只有贵州茅台的 1/20，但是靠着高周转和高杠杆，沃尔玛的 ROE 一直保持在 15% ~ 25%，但是从 2015 年开始，沃尔玛净利率一直下滑，2018 年 ROE 下滑至 13%。

高周转率是零售企业能否活得滋润最为关键的衡量指标，很多人把永辉超市对比沃尔玛。但是通过比较得知，永辉超市的资产周转率不够稳定，近几年一直在下滑，且永辉超市的净利率不稳定，导致的结果就是永辉超市的净资产收益率从 2015 年开始就没有超过 10%。

3. 高杠杆模式

典型的高杠杆带来高 ROE 的是金融企业，以招商银行为例，特点就是杠杆维持在 12 ~ 20 倍，远远高于前两种模式，与此对应的就是资产周转率特别低，只有 0.03。当然，你会发现招商银行的净利率非常高，不然也很难维持高 ROE。

由此我们可以看到，三种模式下的 ROE 特征，虽然整体依然维持在高位，但是不可否认，贵州茅台、招商银行和沃尔玛的 ROE 均在下滑。

总之，维持稳定又比较高的 ROE 是优秀公司的财报特征。当然这条不适应周期性行业，尤其是强周期行业，强周期行业 ROE 可能为负数。但是对大多数企业来说，稳定而又高于 15% 的 ROE 是优秀企业的特征。

3.3.2　市盈增长比率（PEG）

PEG 指标即市盈率相对盈利增长比率，是由上市公司的市盈率除以盈利增长速度得到的数值。

PEG 既可以通过市盈率考察公司目前的财务状况，又通过盈利增长速度考察未来一段时期内公司的增长预期，因此是一个比较完美的选股参考指标。投资者普遍习惯于使用市盈率来评估股票的价值，但是，当遇到一些极端情况时，市盈率的可操作性就会有局限，比如市场上有许多远高于股市平均市盈率水平（有的甚至高达上百倍）的股票，此时就无法用市盈率来评估这类股票的价值。

但如果将市盈率和盈利增长速度相对比，那些超高市盈率的股票看上去就有合理性了，投资者就不会觉得风险太大了，这就是 PEG 估值法（详解见第四章市盈增长比率）。

3.3.3 销售增长率

销售增长率是企业本年销售收入增长额（本年销售收入减去上年销售收入的差额）同上年销售收入总额之比，它是分析企业成长状况和发展能力的基本指标。

其计算公式为：

（1）销售增长率 = 本年销售增长额 / 上年销售总额 =（本年销售额 – 上年销售额）/ 上年销售总额

（2）销售增长率 = 本年销售额 / 上年销售额 –1（注：此公式为上一公式的简化结果）

销售增长率是衡量企业经营状况和市场占有能力、预测企业经营业务拓展趋势的重要指标，也是企业扩张增量资本和存量资本的重要前提。

该指标越高，说明企业产品销售增长得越快，销售情况越好，企业盈利增长趋势也就越好，企业生存和发展的能力提高也就越快；反之，该指标越低，则说明企业产品销售增长得越慢，销售情况越差，企业盈利的增长后劲不足，企业的盈利趋势不容乐观。

从个别产品或劳务的销售增长率指标上，还可以观察企业产品或经营结构情况，进而也可以观察企业的成长性。

产品生命周期理论认为，任何一种产品的生命周期阶段均可以划分为四个阶段，根据产品周期原理，再借助产品销售增长率指标，便可以大致看出企业生产经营的产品所处的生命周期阶段，也可以判断企业的成长性，如图 3.3 所示。

要全面、正确地分析和判断一个企业销售收入的增长趋势和增长水平，必须将一个企业不同时期的销售增长率加以比较和分析。原因在于，销售增长率仅仅反映了某一年度的销售情况，而该年度的销售增长率可能会受到一些偶然的、非正常的因素影响，无法反映出企业实际的销售增长能力。

产品生命周期

第一阶段为试销期，产品开发成功投入正常生产，销售规模较小，且增长不快	第二阶段为成长期，产品市场空间被打开，大规模地放量生产和销售，产品销售较快扩展和增长	第三阶段为成熟期，销售较为稳定，增长不会太快	第四阶段为衰退期，产品销售开始萎缩

图 3.3　产品生命周期理论

例如，宝肽股份（600456）2019 年的预期销售增长率为 80%，而同期同行业平均销售增长率为 25%；2019 年预测每股盈利（EPS）为 0.80 元，则 EPS 增长率为 135%，说明该股 EPS 的增长与销售收入的增大密不可分，其成长性具有坚实的基础。

3.4　企业的"护城河"

从财务报表看，财务指标都符合的公司，就一定好吗？未必。假设有两个符合以上全部条件的公司，一个现在很好但明年就要倒闭，另一个则是年年都好的百年老店，显然后者更优秀。所以，在选择成长性 A 股时，我们还要衡量它是否能发展得长久。这就要分析企业的"护城河"了。

所谓护城河是什么呢？沃伦·巴菲特说："我所投的这个公司或生意是竞争者很难进入与我竞争的，就好像一个护城河一样，我建立起很高的城墙，别人攻不破我，这是我判断要不要投一个公司时非常重要的标准之一。"

一个企业是否有护城河，可以从几个方面来判断：品牌、专利、特许，客户转损难度，网络效应，成本优势等方面进行考察，如图 3.4 所示。

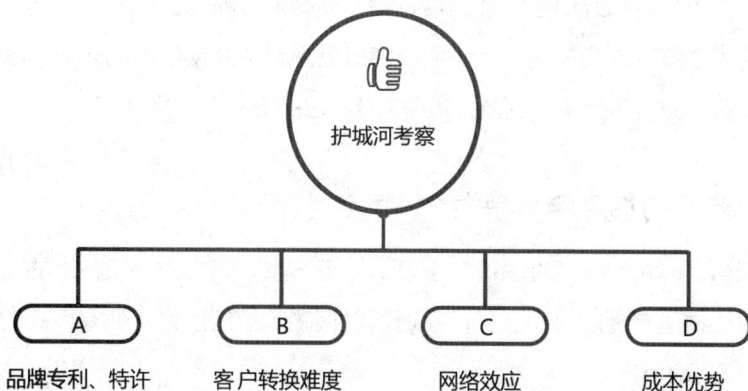

图 3.4　衡量企业护城河的业务指标

3.4.1　具有定价权的品牌

这个世界不变的只有变化，如果一家企业长期不变，这种企业早晚被替代，根本不值得投资。企业的无形资产就好比一条经济护城河，具体到投资中，能够构成护城河的无形资产有品牌、专利、特许经营三项。

企业具有品牌，并不意味着就具有护城河，只有那些能够带来定价权的品牌，才可以为企业带来护城河。

如果一个企业仅仅凭着其品牌就能以更高的价格出售同类产品，那么，这个品牌就非常有可能形成一个强大无比的经济护城河。

在我们日常生活中的消费品里，苹果公司的 iPhone、Mac 和 iPad 等产品，其售价就要高出市场上的同类产品。诚然，其产品的制造成本比同类产品高，但相比同类产品之间的成本差异，它们的售价差异则更大。这就是品牌的力量，这就是苹果公司的一条经济护城河。

我们综观 3000 多家中国 A 股上市公司，真正拥有品牌护城河的企业，其实并不太多。品牌所形成的护城河最宽的企业，不得不提到贵州茅台和五粮液。先来说茅台酒，茅台酒的平均价格在 1250 元左右，同行业中的佼佼者五粮液的平均价格在 850 元左右，二者相差了将近 400 元。茅台酒的销量并没有因其高昂的价格而受到影响，反而是在市场上仍然一酒难求。

当然，这并不意味着五粮液没有护城河。在市场上，五粮液也是销售名列前茅的白酒，它也是一家具有护城河的企业，但其护城河要比贵州茅台的护城河窄。

除了贵州茅台和五粮液之外，具有类似品牌护城河的公司，还有格力电器、云南白药等企业。这些公司的产品售价明显高出竞争对手的产品，但高的价格并不影响消费者的购买需求，这就是竞争对手无法"侵入"的护城河。

3.4.2　专利打造独特竞争力

我们知道，专利是通过法律的手段，给予一家公司独占一项技术的权利。对于拥有核心技术专利的公司，其产品可以以很高的价格出售，拥有极高的毛利，进而获得超额利润。

相对而言，在科技行业中比较常见具有专利性质的企业，比如美国高通公司（全球领先的高科技通信企业，全球最大的移动芯片供应商，CDMA 技术商用化的先驱，世界 500 强）在智能手机来临以后，美国高通公司靠着在通信行业的各种专利获取了高额的利润，无论是苹果还是三星，无论是小米还是华为，每卖出一部手机，都需要向高通缴纳一笔专利费。

比如在中国市场，根据协议，对于面向在中国销售使用的手机终端，高通对 3G 设备收取 5%、对不执行 CDMA 或 WCDMA 网络协议的 4G 设备收取 3.5% 的专利费。

投资者可能想不到，高通收取的专利费并不是基于所提供的芯片的价格基础之上，而是基于整机，即每一种专利费的收费基础是设备销售净价的 65%。这意味着，如果我们在手机上镶嵌了一块宝石，高通也会按照一定比例收取宝石价格的费用。这就是专利给高通公司构建的护城河，有了这条护城河，高通公司甚至可以"躺着"挣钱。

3.4.3　特许阻挡竞争者

帕特·多尔西在《巴菲特的护城河》一书中对特许进行了如下的描述："能创造持久性竞争优势的最后一种无形资产是法定许可，它让竞争对手很难甚至不可能进入你的市场。"通常，企业在需要通过审批才能从事经营的情况下，这种优势能够发挥到极致。

享有特许经营的行业为数不多，有公用事业、债券评级等。最为著名的企业便是美国的穆迪公司（成立于 1900 年，由 John Moody 创立，位于美国纽约曼哈顿，该公司是著名的债券评级机构）。

在美国，债券评级行业是一个需要经过诸多审核以后方能获得经营权的行业，因此行业处于寡头市场格局，其"投资者服务"业务的利润率超过 50%。

我国也有一些特许经营的行业，比如烟草、公用事业、免税店等，从价值投资的角度来说，在这些特许经营的行业中就属免税店行业中的企业称得上是特许经营。为什么这么说呢？因为烟草行业没有上市企业，公用事业企业虽然具有特许经营的优势，但是其产品价格是由政府指导制定的，这类公司无法获得超额的回报，因此并不具有经济护城河。

投资者需要知道的是，特许经营和品牌一样，只有在特许经营的同时具有定价权的企业，才拥有真正的护城河，投资这类企业才可以获得更高的经济回报。比如中国国旅持有中免集团和日上集团的股权，这给中国国旅带来了卓越的经济护城河。

综合来说，品牌、专利、特许经营是企业的无形资产，为企业打造了一条经济护城河，保护了企业的安全和利益，同时也帮助投资者提高判断企业的能力。

3.4.4　客户转换难度

客户转换难度就是客户改用别的产品（或服务）的难度（或成本），难度越大越好，成本越高越好。比如，用友财务软件的用户如果改用别的财务软件，或某高难度医疗器械更换其他器械，都还要进行学习，费时费力成本高昂。这就增加了客户转换成本，客户转化成本越大，客户黏度越高。

如类似酵母这样的食品添加剂，食品企业用了后如果再换别的牌子的酵母粉，有改变食品口味的可能，这是很多食品企业所不能承受的。所以表面上不起眼的酵母粉生产公司安琪酵母（600298）却有着强大的护城河。

还有一些化工添加剂，对下游产品质量至关重要，因此下游厂商往往会固定添加剂的提供商来保证产品质量稳定，这也属于护城河（沃伦·巴菲特以 97 亿美元的巨资收购化工巨头美国路博润公司，就是看中了它的护城河属性）。

还有如东阿阿胶，阿胶必须用当地特殊的水和工艺才能制作完成。而更重要的是，阿胶广泛应用于数百种药品、保健品和营养品的配方里，这些客户一旦用了它，就轻易不敢更换品牌了。因为一旦更换很可能改变药效、疗效，所以东阿阿胶就是一个有着强大护城河的公司。

3.4.5　网络效应

在这个互联网重塑生产，改变交易方式的时代，一家公司能够为消费者提供多大价值成为其护城河的新的来源。

美国著名的全球性研究机构晨星公司的股票团队领导人对价值投资有较强的理解与认识，其所著的《股市真规则》一书，被广大价值投资者奉为投资"圣经"。帕特·多尔西曾在《巴菲特的护城河》一书中提出构筑企业护城河的另一关键因素为网络效应。

在《巴菲特的护城河》中他写道："企业也一样可以受益于网络效应，也就是说，随着用户人数的增加，他们的产品或服务的价值也在提高。建立在网络基础上的企业，更容易形成自然垄断和寡头垄断。"

信息产品存在着互联的内在需要，因为人们生产和使用它们的目的就是更好地收集和交流信息。而人类渴望交流信息这一需求的满足程度与网络的规模有着密不可分的关联。如果在互联网中只存在少数的用户群体，则这一部分用户群体不仅要承担相当高昂的运营成本，而且只能与有限数量的人交流和使用信息、经验。

随着用户数量的增加，这种不利于规模经济的情况将不断得到改善，所有用户都可能从网络规模的扩大中获得更大的价值。此时，网络的价值呈几何级数增长。这种情况，即某种产品对一名用户的价值取决于使用该产品的其他用户的数量，在经济学中称为网络外部性，或称网络效应。

比如 QQ 用的人越多，它的用处就越大，人们也会越用它。用户越离不开该产品，其价值也越高。再比如，银行网点越多，越方便用户。如果产品或服务的价值随客户人数的增加而增加，那么，企业就可以受益于网络效应。

3.4.6　成本优势

公司可通过降低生产成本来为自己的业务构筑经济护城河，能够以较低的成本提供类似的产品以及服务也是一项非常重要的竞争优势来源。成本的优势意义非凡。

判断一个企业是否具有成本优势可以从以下几个方面分析，如图 3.5 所示。

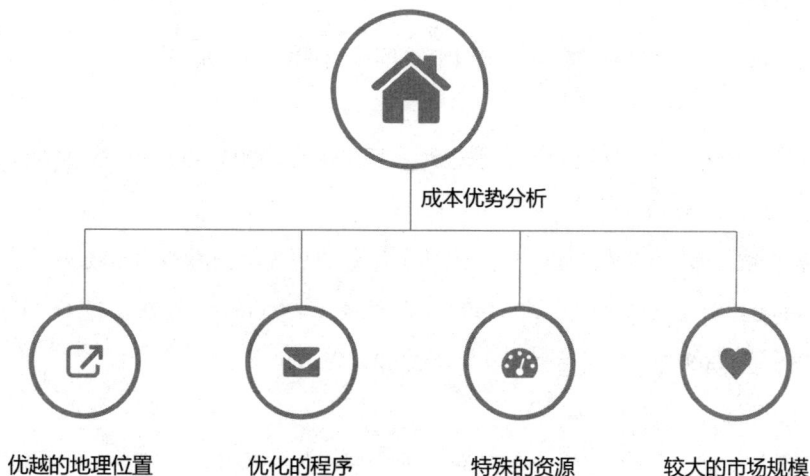

图 3.5　成本优势分析的四个方面

1. 优越的地理位置

具有优越地理位置的企业往往能够更具持久性，这些产品消费市场接近生产地，通常有更低的价值重量比。由于地理位置（或运输因素）、特殊资源、规模效应和流程优势等而带来的成本优势，是一种天然护城河。比如水泥非常沉重，长途运输不经济，外地水泥和本地来竞争，要先加上高昂的运费成本，因此本地水泥公司就有了护城河。

2. 优化的程序

基于程序优化的护城河还需要谨慎看护，因为在竞争对手复制这种低成本流程或是发明新成本流程之后，这种成本优势往往转瞬即逝。

3. 特殊的资源

企业所拥有的资源和采购成本低于其他企业。如果企业依托独一无二的资源禀赋，比如生产原料的独家垄断、地理自然资源的唯一占有等，则会形成有利的成本优势。例如，埋藏并不深的矿产、茅台镇独特的水质和环境资源等。

4. 较大的市场规模

最关键的不是绝对规模，而是和竞争对手相比的相对规模。从整体上来看，固定成本对变动成本的比值越高，规模效益越大，行业越稳固。全国性的物流、汽车生产商、芯片生产商屈指可数，而小的房地产中介、会计师事务所、律师事务所多如牛毛。

总体而言，企业的护城河有宽有窄，但没有护城河却是不行的。

A股中有很多护城河公司，宽护城河如贵州茅台（600519）、东阿阿胶（000423）、云南白药（000538）等。

窄护城河如一些水泥股、有持续竞争优势的股票用友软件（600588）、国电南瑞（600406）、安琪酵母（600298）、片仔癀（600436）、浙江龙盛（600352）、中鼎股份（000887）以及巨力索具（002342）等。

长期看它们都是涨了数十倍的超级大牛股，如果投资者懂得护城河分析的方法，其实都可以很容易地在股价低位时捕捉到它们。

3.5 估值

通过上面操作程序筛选出好公司，但是如果你为之支付了远远高于其价值的买价，也很难得到良好的投资回报。因此我们需要对整体公司及其每股股份进行价值评估（以下简称"估值"）。

估值在思路上很简单，方法就是折现法。也就是先估算出该公司未来能赚多少钱，再按一个合适的利率把未来的钱折算成现在的价格。

在进行折现时，折现率一般采用当前的市场利率，如同样期限的贷款利率等，或用资金的实际成本作为折现率。

用一个公式可以概括上述折现的过程：

$$PV=C/(1+r)^t$$

其中，PV= 现值；C= 期末金额；r= 贴现率；t= 投资期数。

从上述公式中可以知道，在保证贴现率的前提下，未来的净收益及净收益增长率如果增大，则公司价值提高，从而股价也理应提高。所以结论是：在相同的情况下，如果未来净收益多、成长高，那么该公司（及其每股）的价值就提高，正常情况下股价也能上升。从长期来看，股价与公司业绩呈正相关。

只要理解了这个简单的估值思路，你就能给很多公司进行估值。投资者可以把公司当作能下"金蛋"的鸡，估算该公司未来的净收益，然后折现到现在就知道该公司及股票值多少钱了。

在具体方法上，你可以估算该公司未来每年的净收益，比如第 1 年、第 2 年……第 10 年，然后把未来每年的净收益分别折算到现在，再加总一下，就是该公司现在的价值。

你可能会觉得，要准确估算一个公司未来多年的收益很困难，因为公司经营变化比较大。那么一个简单的办法是，只选择那种经营稳定的、有护城河保护的、未来确定性高的公司。像沃伦·巴菲特对看不懂或不确定性大的公司不进行投资，因为那样的公司不好估值，也不能确定其投资价值。

通过选择有护城河的、能长期稳定增长的公司，可以提高对未来盈利评估的准确性。通过"不懂不做"的能力圈理念，能得到知己知彼，百战不殆的效果。通过适当分仓的方法，则能降低不确定性风险。

总而言之，如果运用在成长性股票投资上，可以说，股票就是股份，股市是交易股份的市场，不同股份价值各有不同，股票不是彩票，价值是其根本。如果投资者连一只股票应该值多少钱都不知道，就去盲目地买卖，那无疑要承受巨大的风险。

知道每股价值，再和股价也就是买价相比，就可以确定该股是否具有投资价值。

通过未来 10 年的现金流折现得出某股每股至少值 10 元，现价 2 元，10 年预期投资收益率是 500%，打个折也要远远高于银行存款利息，具有很大的投资价值。确定了投资价值，投资者就能利用股价的波动，发现投资机会，规避投资风险，实现投资收益。

投资者进一步优中选优的选股思路是：进行全行业、全市场甚至全世界的对比。只有比一比，才能确定更好的投资价值和投资标的。

例如，投资者通过研究计算，发现一家公司每股价值10元，目前其市场价是2元，可以说它有投资价值。但这样就只分析了一家公司，并没有将它和行业内其他同类公司进行对比，也没有和全市场里上千家其他公司进行比较。

假如通过比较，发现了和它价值相同、相近甚至更高的另一家公司，现在股价只有1元/股，那谁更有投资价值？一比较就知道投资谁更有价值。也就是说，经过个股估值、全行业及全市场估值、综合全面比较这样一个流程，才能更好地确定投资价值和投资标的。

总体而言，对投资成长股的要求是坚持以下四个原则，如图3.6所示。

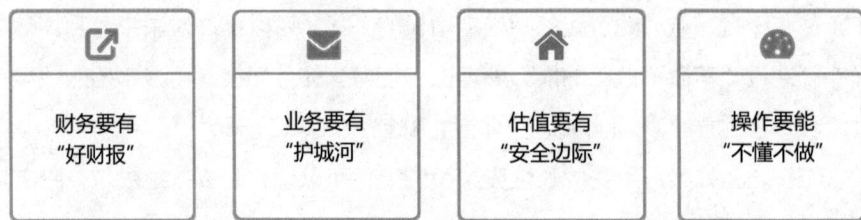

| 财务要有
"好财报" | 业务要有
"护城河" | 估值要有
"安全边际" | 操作要能
"不懂不做" |

图 3.6　投资成长股的四个原则

第 4 章

市盈增长比率
（PEG）

　　成长股的两大驱动力就是业绩与估值，市盈增长比率（PEG）这个指标就是为这两个驱动力"量身定制"的，PEG是用上市公司的估值除以业绩得到的数值。PEG指标是衡量成长股估值高低的核心指标之一。

4.1 传统指标分析缺位

成长股的估值，用市净率、市盈率这些传统指标去衡量显得不太合适。例如，A股市场有许多远高于股市平均市盈率水平的股票，有的甚至高达上百倍，这类股票的价值是无法用市盈率来评估的。因此，大部分投资者往往采用PEG去衡量一个成长性企业的估值是否合理。

4.1.1 市盈率（PE）

市盈率是投资者所必须掌握的一个重要财务指标，也称本益比，是股票价格与每股盈利的比率。市盈率反映了在每股盈利不变的情况下，当派息率为100%时，即所得股息在没有进行再投资的条件下，经过多少年投资可以通过股息全部收回本金。

市盈率是经常用来评估股价水平是否合理的指标之一。市盈率分为静态市盈率和动态市盈率，一般股票分析软件显示的都是动态市盈率。股票分析软件按当年已知季度净利润推算全年的市盈率。

市盈率高好还是低好？在一般情况下，一只股票市盈率越低，市价相对于股票的盈利能力越低，表明投资回收期越短，投资风险就越小，股票的投资价值就越大；反之，则结论相反。市场广泛谈及市盈率通常指的是静态市盈率，通常用来作为比较不同价格的股票是否被高估或者低估的指标。

但是，市盈率指标用来衡量股市平均价格是否合理具有一些内在的不足，如图4.1所示。

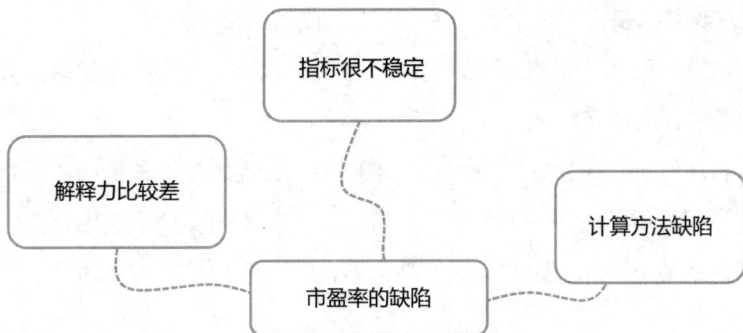

图 4.1　市盈率的缺陷

1. 计算方法缺陷

各国市场计算的平均市盈率与其选取的样本股有关，样本调整一下，平均市盈率也跟着变动。即使是综合指数，也存在亏损股与微利股对市盈率的影响不连续的问题。

例如，2001 年 12 月 31 日上证 A 股的平均市盈率是 37.59 倍，如果中国石化（600028）2000 年不是盈利 161.54 亿元，而是 0.01 元，上证 A 股的平均市盈率将升为 48.53 倍。更有讽刺意味的是，如果中国石化亏损，它将在计算市盈率时被剔除出去，上证 A 股的平均市盈率反而升为 43.31 倍，真所谓"越是亏损市盈率越高"。

2. 指标很不稳定

由于 A 股上市公司中很多公司净利润是受到季节性因素影响的，也就是说，一年四个季度净利润是不均匀的，所以有很多股票分析软件统计的市盈率是不精确的。通常来说，用总市值除以全年预估的净利润，得出的市盈率准确度会提高很多。

随着经济的周期性波动，上市公司每股收益会大起大落，这样计算出来的平均市盈率也大起大落，以此来调控股市，必然会带来股市的动荡。美国股市 1932 年最低迷的时候，市盈率却高达 100 多倍，如果据此来挤破股市泡沫，那是非常荒唐和危险的。但对投资者来说，当年却是美国历史上百年难遇的最佳入市时机。

3. 解释力比较差

投资者选择股票，很难根据市盈率进行套利，也很难根据市盈率说某某股票有投资价值或没有投资价值。

令人费解的是，市盈率对个股价值的解释力如此之差，却被用作**衡量股票市场是否具有投资价值的最主要依据**。实际上股票的价值或价格是由众多因素决定的，用市盈率一个指标来评判股票价格过高或过低是很不科学的。

4.1.2 市净率（PB）

市净率指的是每股股价与每股净资产的比率。市净率可用于投资分析，一般来说，市净率较低的股票，投资价值较高；相反，则投资价值较低。**市净率能够**较好地反映出"有付出，即有回报"，它能够帮助投资者分辨哪个上市公司能以较少的投入得到较高的产出。对于大的投资机构，它能够帮助辨别投资风险。

股票净值是决定股票市场价格走向的主要依据。上市公司的每股内含净资产值高而每股市价不高的股票，即市净率越低的股票，其投资价值越高。相反，其投资价值就越小，但在判断投资价值时还要考虑当时的市场环境以及公司的经营情况、盈利能力等因素。

这里需要特别指出的是，市净率不适用于以短线炒作来提高获利能力。

市净率可用于投资分析。每股净资产是股票的本身价值，它是用成本计量的，而每股市价是这些资产的现在价格，它是证券市场上交易的结果。市价高于价值时，企业资产的质量较好，有发展潜力；反之，则资产质量差，没有发展前景。优质股票的市价都超出每股净资产许多，一般说来市净率达到3可以树立较好的公司形象。市价低于每股净资产的股票，就像售价低于成本的商品一样，属于"处理品"。当然，"处理品"也不是没有购买价值，问题在于该公司今后是否有转机，或者购入后经过资产重组能否提高获利能力。市净率是市价与每股净资产之间的比值，比值越低意味着风险越低。

市净率的作用还体现在可以作为确定新发行股票初始价格的参照标准。如果股票按照溢价发行的方法发行的话，要考虑按市场平均投资潜力状况来定溢价幅度，这时股市各种类似股票的平均市盈率便可作为参照标准。

但是，低市净率的公司在安全下又有另一个隐忧，那就是低市净率的公司大部分是处于经营下滑，或是预期经营下滑的状态。

4.1.3　市现率（PCF）

市现率是股票价格与每股现金流量的比率。市现率可用于评价股票的价格水平和风险水平。市现率越小，表明上市公司的每股现金增加额越多，经营压力越小。对于参与资本运作的投资机构，市现率还意味着其运作资本的效率增加。

由于公司年报中一般出现的都是每股经营活动产生现金流量，但忽略了投资活动产生的现金流量和筹资活动产生的现金流量，因而在使用这个指标判断一家公司的股价是否具有吸引力时，更应该结合其他的指标。原因在于经营活动产生的现金流量只反映了其经营的状况，而没有反映其在分红融资和对外、对内投资的情况，也不能体现一家公司运用现金的能力。好比考察一个人的收入消费情况，如果只计算这个人的工资收入和在工作上的支出，而生活上、教育上、社交娱乐上的支出完全没有考虑，这样的数据不能体现一个人的收入和消费的真实状况。

同时，投资者也应该注意到公司每笔大额现金支出的使用情况，是用来购买生产设备还是用来支付分红，不同的现金使用方法对于公司的影响不同，也应加以区分。

市现率较低的公司一般经营比较稳定，行业发展也比较稳定，这类公司一般处于成长后期和成熟期，比如银行、券商、保险、电力、铁路运输等这些成熟型行业。

4.1.4　市销率（PS）

市销率是证券市场中出现的一个新概念，又称"收入乘数"，是指普通股每股市价与每股销售收入的比率。

市销率是评估企业经营前景至关重要的一步。没有销售，就不可能有收益。这也是最近 10 年在国际资本市场新兴起来的市场比率，主要用于创业板的企业或高科技企业。在纳斯达克上市的公司不要求有盈利业绩，因此无法用市盈率对股票投资的价值或风险进行判断，而用市销率进行评判。

同时，在国内证券市场运用这一指标来选股，可以剔除那些市盈率很低，但主营业务又没有核心竞争力，主要依靠非经常性损益来增加利润的公司。因此，该项指标既有助于考察公司收益基础的稳定性和可靠性，又能有效把握其收益的质量水平。

而市销率的缺点非常明显，主要体现在以下方面，如图 4.2 所示。

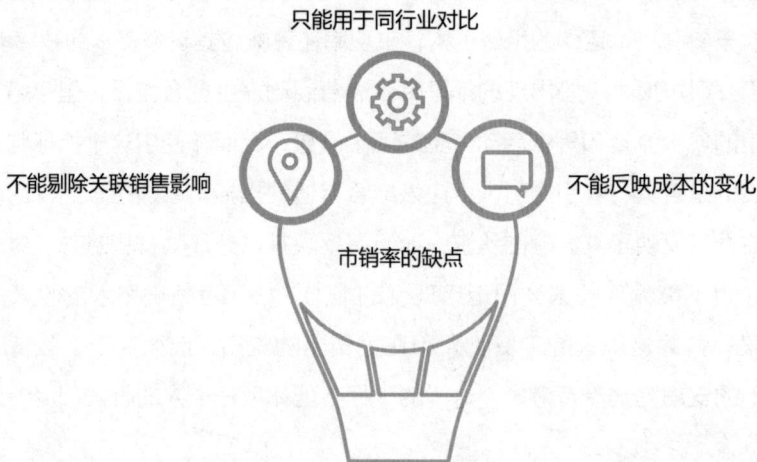

只能用于同行业对比

不能剔除关联销售影响

不能反映成本的变化

市销率的缺点

图 4.2　市销率的缺点

（1）不能反映成本的变化，而成本是影响企业现金流量和价值的重要因素之一；

（2）只能用于同行业对比，但不同行业的市销率对比没有任何意义；

（3）目前上市公司关联销售较多，该指标也不能剔除关联销售的影响。

如果单纯用市销率去挑选公司的话，你会发现市销率最低的都在贸易、批发、零售、钢铁等行业里。

如果用上述传统指标认真去筛选 A 股成长性股票，你会发现，由于传统指标分析缺位，最终选出的股票都是银行、保险、钢铁、电力、石油、铁路等板块的个股，而这些行业基本是传统行业，很难筛选出成长股。

因此，只有市盈增长比率（PEG），才能用于衡量成长股的估值与成长性是否合理匹配，也能用于评价一家公司盈利能力和投资者付出买入成本的性价比关系。

4.2 市盈增长比率（PEG）

市盈增长比率（PEG），是由上市公司的市盈率除以盈利增长速度得到的数值。该指标既可以通过市盈率考察公司目前的财务状况，又可以通过盈利增长速度考察未来一段时期内公司的增长预期，因此是一个比较完美的成长股选股参考指标。

PEG 指标最先由英国著名投资大师、股神吉姆·斯莱特在 1960 年提出，后来由美国投资大师彼得·林奇发扬光大。吉姆·史莱特被称为 PEG 选股法的创始者，名列 18 位投资大师排行榜中。PEG 指标最先在英国证券市场上使用，但是英国证券市场的影响力较小，所以该指标提出后，并未在世界引起较大的反响。

1992 年，吉姆·斯莱特通过自己的著作《祖鲁原则》，将市盈增长比率（PEG）这一投资和选股方法推广到了美国。此后，在美国著名投资大师彼得·林奇的努力下，这一投资理念终于深入人心。于是，更多的人便将 PEG 方法的功绩归于彼得·林奇。

需要注意的是，PEG 值的分子与分母均涉及对未来盈利增长的预测，出错的可能较大。计算 PEG 值所需的预估值，一般取市场平均预估，即追踪公司业绩的机构收集多位分析师的预测所得到的预估平均值或中值，如图 4.3 所示。

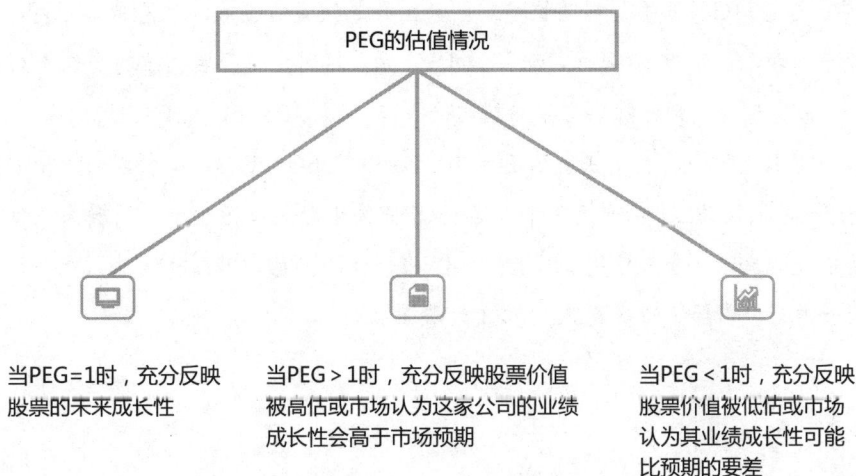

```
┌─────────────────────────┐
│      PEG的估值情况        │
└─────────────────────────┘
```

当PEG=1时，充分反映股票的未来成长性

当PEG > 1时，充分反映股票价值被高估或市场认为这家公司的业绩成长性会高于市场预期

当PEG < 1时，充分反映股票价值被低估或市场认为其业绩成长性可能比预期的要差

图 4.3　PEG 的估值情况

通常，那些成长型股票的 PEG 都会高于 1，甚至在 2 以上，投资者愿意给予其高估值，表明这家公司未来很有可能会保持业绩的快速增长，这样的股票就容易有超出想象的市盈率估值。

当 PEG < 1 时，要么是市场低估了这只股票的价值，要么是市场认为其业绩成长性可能比预期的要差。通常价值型股票的 PEG 都会低 1，以反映低业绩增长的预期。投资者需要注意的是，像其他财务指标一样，PEG 也不能单独使用，必须要和其他指标结合起来，这里最关键的还是对公司业绩的预期。

由于 PEG 需要对未来至少 3 年的业绩增长情况作出判断，而不能只用未来 12 个月的盈利预测，判断准确的难度就大幅上升了。事实上，只有当投资者有把握对公司未来 3 年以上的业绩表现作出比较准确的预测时，PEG 的使用效果才会体现出来，否则反而会起误导作用。

此外，投资者不能仅看公司自身的 PEG 来确认它是高估还是低估，如果某公司股票的 PEG 为 1.2，而其他成长性类似的同行业公司股票的 PEG 都在 1.5 以上，则该公司的 PEG 虽然已经高于 1，但价值仍可能被低估。

例如，老王出资 500 万元开了一家快餐店，发现快餐店每年能赚 10 万元。如果把快餐店想成一家只发行了一股的公司，那么老王花的 500 万元除以每年盈利的 10 万元，就是 50 倍，这就是 PE 的概念了，即某种股票每股市价与每股盈利的比率。

再说这个 G（每年盈利增长率），老王开了快餐店之后，生意越来越好，收益连年递增，头年挣 10 万元，来年挣 15 万元。这时，快餐店生意的增长率 G 就是今年收益增长的部分除以去年的利润：（15-10）/10=0.5，即 G=50%。

通过上述可知，老王快餐店 PE=50，G=50，PEG=PE/G=1，所以老王快餐店的 PEG 就是 1。PEG 的价值在于，当 PEG 值为 1 时，市场赋予这只股票的估值就可以充分反映其未来业绩的成长性，PEG > 1 为高估，PEG < 1 为低估，而挖掘成长股时就需要不断找到 PEG < 1 的股票品种。

4.3 PEG 价值选股法

彼得·林奇作为一名卓越的股票投资家和证券投资基金经理，向来以选股能力强而著称，他最著名的一条选股法则就是"PEG 价值选股法"，如图 4.4 所示。

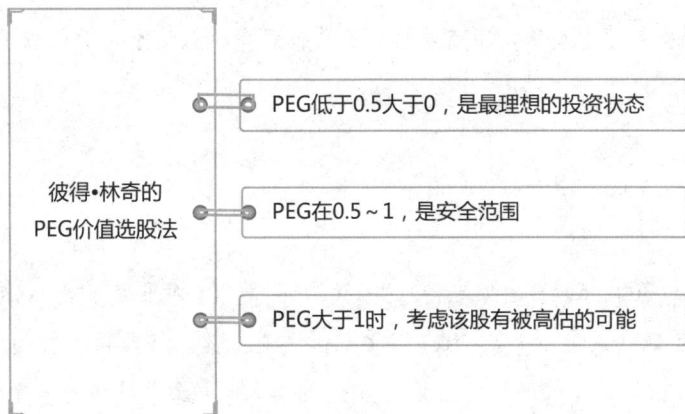

图 4.4　彼得·林奇的 PEG 价值选股法

具体到操作上，当你发现一只股票的 PEG 低于 0.5 时，往往是建仓的最好时机，因为这个标的明显被低估，这时候投资者要做的就是"买入 + 持有"。你甚至可以不必过分纠结大盘走势，假以时日，收益率会十分惊人。

但在成长股中，不同的公司，不同的阶段，市盈率会有很大的不同。

例如，A 公司市盈率 20 倍、B 公司市盈率 30 倍、C 公司市盈率 40 倍、D 公司市盈率 50 倍、E 公司市盈率 60 倍，那么到底 A、B、C、D、E 公司当中，哪一个公司最值得买入呢？

那么，这时首先就要看看 A、B、C、D、E 公司各自对应的业绩增速。再比如 A 公司市盈率 20 倍，业绩复合增速 15%；B 公司市盈率 30 倍，业绩复合增速 35%；C 公司市盈率 40 倍，业绩复合增速 40%；D 公司市盈率 50 倍，业绩复合增速 40%；E 公司市盈率 60 倍，业绩复合增速 60%，在此假设之下，上述 5 个公司你会选择哪一个呢？

我们最终选择的是 B 公司，原因是一方面 B 公司的 PEG 低于 1；另一方面市盈率估值也不是特别高。A 公司估值较低，低市盈率具有一定的风险防范作用，但同时公司成长发展对比其他公司也相对较慢，潜在风险就是可能获得收益的潜力也会有所减弱。C 公司其实也是不错的公司，只是相对于 B 公司来说，B 公司的性价比更高。D 公司业绩增长较快，但市盈率更高，性价比对比 B 公司和 C 公司显得不划算。E 公司的净利润增长最快，但是市盈率也最高，业绩增长越快说明一个公司发展速度越快，市盈率越高说明投资者买入这家公司股权付出的估值成本也越高。

我们再看下面的案例。

利亚德（300296）和老板电器（002508）都是这些年里成长性 A 股的典范，从 2012 年年底（最低点）到 2017 年年初，利亚德前复权股价涨幅超过 20 倍，老板电器从 2012 年年底（最低点）到 2017 年年初，前复权股价涨幅 10 倍左右。为什么二者同属成长股，利亚德涨幅却比老板电器大很多呢？

原因是利亚德这几年业绩复合增速达到 80% 左右，而 2014 年、2015 年、2016 年更是超过 100%。在同样时间段里，老板电器的业绩复合增速达到了 40%。根据业绩对应 2016 年全年净利润，利亚德市盈率为 43 倍左右，老板电器为 25.6 倍，证券市场给利亚德的估值也更高。这样一对比，原因就找出来了。

另一方面，从估值角度来看，利亚德的风险也比老板电器大很多，假设后期利亚德和老板电器净利润增长由于某种原因同样都出现了 3/4 的大幅放缓，利亚德后期业绩增速放缓到 25%，老板电器业绩增速放缓到 10%，利亚德下跌幅度会更多。

原因在于，在同样的估值下滑幅度下，老板电器的市盈率更低。当一家公司的成长性逐步消失时，市场考虑更多的是它与市场整体估值的对比和现有利润回报率，也即是市盈率。老板电器由于本身估值不高，跌幅较少。

4.4 PEG 估值

PEG 是评选成长股性价比的一个重要指标。简单来说，一家业绩稳定快速增长的公司，如果市盈率低于净利润增速，即 PEG 小于或等于 1，就非常具有投资价值。

使用 PEG 估值时，投资者需要衡量估值是否有效。

4.4.1 衡量估值是否有效

我们可以使用 PEG 来衡量行业的估值水平。PEG 显著高于合理水平的行业存在高估风险；反之，PEG 显著低于合理水平的行业存在低估的机会。为此，我们确定了两个指标：使用未来 2 年净利润的复合增长率作为 PEG 中的 G；以各行业的 PEG 均值作为 PEG 的合理中枢，以中枢的上下 1 倍标准差作为合理波动范围。

根据这一 PEG 中枢，一致预期数据表明：被明显低估的行业是房地产和汽车；被明显高估的行业是综合、休闲服务和国防军工；PEG 合理但已经较低的行业是钢铁、化工和建筑装饰；医药生物、传媒和商业贸易等行业的 PEG 值虽然仍处于合理区间，但已经较高。

既然 PEG 在很大程度上能够有效定价，那么根据 PEG 的行业选择就变得十分简单：增加低 PEG 行业的配置，降低高 PEG 行业的配置。

4.4.2 选股策略相对有效

基于上述分析，假设某私募基金设计了 PEG 选股策略：选取每月 PEG 低于合理中枢 1 倍标准差的行业的所有沪深 A 股，以等权方式构建单一做多投资组合。

从短期来看，回测区间为 2016 年 1 月 1 日至 2017 年 8 月 31 日，策略参考标准为中证 500，调仓周期为 1 个月，调仓日期为月底。回测结果显示，本策略的年化收益远高于中证 500，年化收益率达到 16.3%。

短期回测仅考虑了 2016 年以来不足 2 年的回测区间。接下来，我们对 2010 年以来将近 8 年的区间进行回测，以探究 PEG 选股策略是否长期有效。

从长期来看，PEG 选股策略的表现同样超过中证 500，但表现差异弱于长期。这说明 PEG 选股策略受市场环境的影响，在某些特定的市场环境下更为有效。

于是，该私募基金对各行业 PEG 的历史数据进行了分析，发现多年以来，各行业的 PEG 基本都在一个稳定的区间内来回波动，其中钢铁、房地产、汽车、建筑装饰、化工等大盘股集中的行业的 PEG 一直处于所有行业的下游，而休闲服务、传媒、商业贸易等小盘股集中的行业往往处于上游。

因此，依据 PEG 选股通常会选出盘子较大的工业股，而非中小板的轻资产股票。也就是说，PEG 选股本质上等同于规模因子选股，选择的是规模大的股票，而非规模小的股票。

2016 年以前，我国股市小盘股表现往往远超大盘股，这使得 PEG 选股策略表现一般。而 2015 年下半年股市暴跌过后，虽然大盘指数逐渐恢复，但小盘股的表现却不尽如人意。因此，PEG 选股策略在当今的市场环境下是相对有效的，但这一选股策略会受到市场环境的诸多限制。

4.4.3　PEG 估值存在误区

运用 PEG 估值，需要重点明确以下几点：

（1）PEG 指标中判断的难点在于未来业绩的复合增长率，这是一个预测性的指标，伴随着公司每季度财务报表发布，对未来业绩的预测会发生改变，从而增加 PEG 指标判断的难度。

（2）PEG 指标中每股收益复合增长率应排除企业高送转的影响，举例来讲，一家企业发布中报业绩，分红分配方案为 10 送 20，那么股本扩大为原来的 3 倍，如果单看每股收益也会发生突变对结果产生偏差。

（3）PEG 指标中强调每股收益复合增长率而并非净利润的复合增长率，非常有实际意义，这体现了对广大股东利益的保护。举例来讲，一家企业通过不断扩张来增加利润，假设它每年都完成一次并购计划（并购标的的年利润与原公司利润相当），那么它的净利润增长率将长期保持在 100%，此时用 PEG 估值显然不妥。

是否了解了上述几条基本知识就可以顺利运用 PEG 估值法去选股了？答案显然并非如此。因为有一个问题需要解决，PEG 是否完全考虑了企业的成长能力。

例如，A 上市公司当前的市盈率为 20 倍，其未来 5 年的预期每股收益复合增长率为 20%，那么这只股票的 PEG 就是 1。B 上市公司当前的市盈率为 15 倍，其未来 5 年的预期每股收益复合增长率为 15%，那么这只股票的 PEG 就是 1。

从单纯 PEG 指标角度去考量，这两个企业投资价值相当。但事实并非如此，稍微有点投资意识的朋友都会知道选择 A 上市公司更佳。

这是因为，若 A、B 两个上市公司维持业绩增速不变、市值也不变，那么第二年，A 上市公司的市盈率就变为 16.67，B 上市公司的市盈率就变为 13.04，而 A 上市公司对应的 PEG 为 0.83，B 上市公司对应的 PEG 为 0.87，显然 A 上市公司更有投资吸引力。

年份越向后推，A、B 上市公司 PEG 指标相差的幅度越大。而业绩增速越快，相差的幅度也会越明显。用一句话简要概括：成长性足够好，PEG 数值即使偏高也并不一定是高估。

上述分析虽然仅限于理论，但能给投资者择股和操作带来 3 点启示。

（1）投资成长企业，最重要的是对未来进行预测。这应该是一个动态的过程而非静态数据的计算。如果有能力，先计算 1 ~ 3 年的企业盈利能力，再进行估值分析，准确率会更高。

（2）应用 PEG 指标的难点在于对未来的判断，若某公司受明显的行业周期性影响，它近几年的每股收益增长率可能极高，而此后却大幅降低，尽管综合测算的预期每股收益复合增长率仍然较高，但参与仍需谨慎。

（3）估值的准确计算永远是滞后于企业成长的，即使用 PEG 指标去估测也不例外。很多公司股票即使 PEG 数值很低也不上涨，这并非市场漠视价值，而是市场提前反映了对未来的预期。投资者只有做到先人一步，提前洞察，才能有机会尝到业绩提升和估值提升的"戴维斯双击"。

4.4.4 估值注意事项

成长股之所以要比很多大型低估值公司享受的市盈率更高，主要在于市场预期公司未来的快速发展和业绩增长。所以，投资者在运用 PEG 指标找性价比较高的潜力股时，要注意多从各个方面，比如公司基本面、行业的整体情况等，来分析公司业绩增速究竟如何。

运用 PEG 估值时，有以下几点注意事项。

（1）PEG 不适用于绝大多数的大盘蓝筹股，因为这类公司往往都是稳定性较强、成长性较弱的公司。

（2）PEG 也不大适用于周期性行业，因为周期性行业的利润基础不太稳定，使用 PEG 容易造成误差。

（3）要注意 PEG 指标的相对性，这也是比价原理在 PEG 指标上的运用。如果某公司股票的 PEG 为 3，而其他成长性类似的同行业公司股票的 PEG 都在 8 以上，则该公司的 PEG 虽然已经高于 1，但价值仍可能被低估。

（4）增速为负的公司不应使用 PEG 指标来衡量，PEG 不适合做困境反转股的选股标准。

（5）在计算 PEG 指标时，最好选择过去 3 ~ 5 年的数据进行研究，以确保数据的完整性和可靠性。

（6）PE 最好是选择动态市盈率来计算，这样的数据更真实、更准确。

（7）PEG 是一项财务指标，却并不是唯一的指标。

（8）要多考虑业绩复合增长的持续性。

有人可能会问了，公司老总自己都没法预测未来，投资者怎么可能完全判断正确呢？确实，我们没办法 100% 判断正确。我们要做的是细致客观地分析判断，通过组合几只公司股票的方式获得大概率的成功机会，不需要全部正确，只要大部分正确，就算成功了。

4.5 PEG 估值假象

PEG 指标（市盈增长比率）是用公司的市盈率（PE）除以公司的盈利增长

速度（G）。用它进行选股的时候就是选那些市盈率较低，同时增长速度又是比较高的公司，这些公司有一个典型特点就是 PEG 会非常低。

在估值时，注意由于基数较低而形成 PEG 低于 1 的假象。造成这一假象的原因有以下两点，如图 4.5 所示。

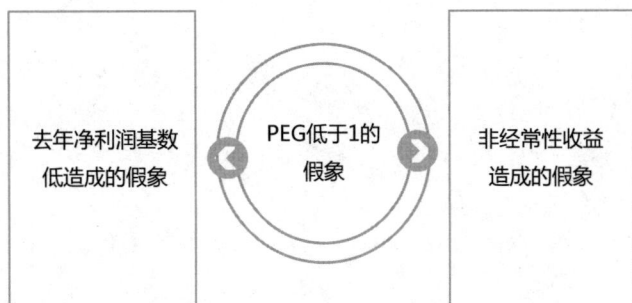

图 4.5　由于基数较低形成 PEG 低于 1 的假象

上市公司如果去年净利润基数低，投资者在使用 PEG 估值时容易产生误区，被一些公司数据假象误导。

例如，某上市公司 2017 年净利润 300 万元，2018 年公司净利润 3 000 万元，净利润短期增速达到 1 000%，公司总市值 60 亿元，市盈率对应 2018 年净利润就是 200 倍。这时按照市盈率除以业绩增速，得出 PEG 只有 0.2。这时是不是公司严重低估值的买入呢？

显然不是，因为 1 000% 的增速主要是由于上一年太低的基数而形成的，这时需要投资者重点考虑两个问题：这种增速可持续吗？它未来 2 年还能保持这么快的增长吗？显然是不可能的。世界上没有公司可以保持连续几年每年业绩增长 10 倍。所以，投资者要注意识别这种假象。

有些上市公司由于非经常性收益会造成 PEG 低于 1 的假象。

例如，某上市公司 2017 年净利润为 1 亿元，2018 年公司经营净利润为 1.1 亿元，通过变卖资产等形成 0.9 亿元利润，归属公司当年总利润 2 亿元，公司总市值 60 亿元，这时公司业绩增速就是 100%，对应的市盈率为 30 倍。

乍一看，公司 PEG 只有 0.33，显示出明显低估，但实际并非如此。因为有些非经常性收益不具有持续性，比如政府补贴；有些则是一次性的收益，没有持续性，比如变卖资产获得收益，这种收益更没有持续性，一家公司不可能长期依靠变卖资产发展壮大。所以，这种低估是一种假象，投资者千万要注意。

第 5 章

自由现金流

英国投资大师吉姆·斯莱特曾说："购买拥有健康的现金结余，现金流远超过每股收益的成长股，比其他任何投资都更让人放心，因为充裕的现金流可以避免公司伪造账目。"

5.1 自由现金流，重要的评估指标

现金流量是指企业在一定会计期间以收付实现制为基础，通过一定经济活动诸如经营活动、投资活动、筹资活动和非经常性项目而产生的现金流入、现金流出及其差量情况的总称。

现金流量按其来源性质不同分为三类：经营活动产生的现金流量、投资活动产生的现金流量和筹资活动产生的现金流量。

自由现金流作为一种企业价值评估的新概念、理论、方法和体系，最早是由美国西北大学拉巴波特、哈佛大学詹森等学者于 20 世纪 80 年代提出的。历经多年的发展，特别在以美国安然、世通等为代表的之前在财务报告中利润指标完美无瑕的所谓绩优公司纷纷破产后，自由现金流这一指标开始得以重视，并成为企业价值评估领域使用最广泛、理论最为健全的指标之一。美国证监会更是要求公司年报中必须披露这一指标。

自由现金流是一种财务方法，用来衡量企业实际持有的能够回报股东的现金，在不危及公司生存与发展的前提下可供分配给股东（和债权人）的最大现金额。

自由现金流在经营活动现金流的基础上考虑了资本性支出和股息支出，如图 5.1 所示。尽管投资者可能会认为股息支出并不是必需的，但是这种支出是股东所期望的，而且是以现金支付的。自由现金流等于经营活动现金。

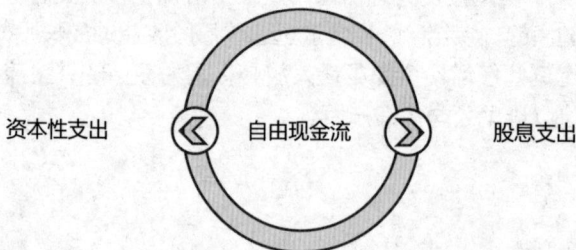

资本性支出 《《 自由现金流 》》 股息支出

图 5.1　自由现金流包括资本性支出和股息支出

自由现金流量可分为企业整体自由现金流量和企业股权自由现金流量。

整体自由现金流量是指企业扣除了所有经营支出、投资需要和税收之后的，在清偿债务之前的剩余现金流量；股权自由现金流量是指扣除所有开支、税收支付、投资需要以及还本付息支出之后的剩余现金流量。整体自由现金流量用于计算企业整体价值，包括股权价值和债务价值；股权自由现金流量用于计算企业的股权价值。股权自由现金流量可简单地表述为"利润＋折旧－投资"。

一个公司应该不仅能够收回生产产品和提供服务付出的成本，而且能够为股东带来剩余的现金。经营活动现金流为对公司进行这方面能力的考察提供了一个开端。但是，除了当前的产品以外，一个成长性公司必须投入一部分资金进行新产品生产和扩张。

如果公司忽视短期的资本投资，它的长期增长就会乏力。理想状况是，投资的数额不多不少，正好是公司健康发展所需要的。但这个数值是主观的，并不能显示在财务报表中。我们用已经实际发生的资本型支出作为理想数值的代理指标。

自由现金流在经营活动现金流的基础上考虑了资本型支出和股息支出。尽管投资者可能会认为股息支出并不是必需的，但是这种支出是股东所期望的，而且一定是现金支付的。自由现金流等于经营活动现金流减去资本性支出和股息支出。

自由现金流表示的是公司可以自由支配的现金。如果自由现金流丰富，则公司可以偿还债务、开发新产品、回购股票、增加股息支付。同时，丰富的自由现金流也使得公司成为潜在并购对象。

5.2 现金流关乎企业的命脉

在现代企业的发展过程中，决定企业兴衰存亡的是现金流，最能反映企业本质的是现金流，在众多价值评价指标中，基于现金流的评价具有权威性。

5.2.1 事关企业价值的成长

现金流量决定企业的价值创造能力，企业只有拥有足够的现金才能从市场上获取各种生产要素，为价值创造提供必要的前提，而衡量企业的价值创造能力正是进行价值、成长投资的基础。研究发现，现金流量决定企业的价值创造，决定企业的市场价值，决定企业的生存能力，如图 5.2 所示。

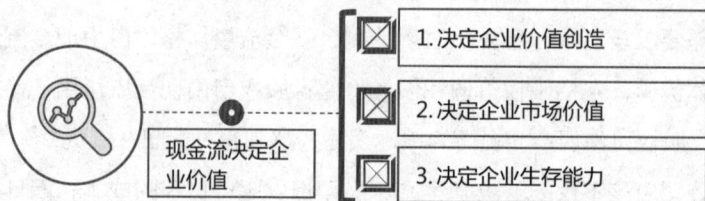

图 5.2　现金流决定企业价值

1. 决定企业价值创造

首先，现金流是企业生产经营活动的第一要素。企业只有持有足够的现金，才能从市场上获取生产资料和劳动力，为价值创造提供必要条件。在市场经济中，企业一旦创立并开始经营，就必须拥有足够的现金购买原材料、辅助材料、机器设备，支付劳动力工资及其他费用。

全部预付资本价值，即资本的一切由商品构成的部分——劳动力、劳动资料和生产资料，都必须用货币购买。因此获得充足的现金，是企业组织生产经营活动的基本前提。

其次，只有通过销售收回现金才能实现价值的创造。虽然价值创造的过程发生在生产过程中，但生产过程中创造的价值能否实现还要看生产的产品能否满足社会的需要，是否得到社会的承认、实现销售并收回现金。

2. 决定企业市场价值

现金流比利润更能说明企业的收益质量。在现实生活中，投资者经常会遇到"有利润却无钱"的企业，不少企业因此出现了"借钱缴纳所得税"的情况。根据权责发生制确定的利润指标在反映企业的收益方面确实容易有一定的"水分"。

而现金流指标，恰恰弥补了权责发生制在这方面的不足。关注现金流指标，就是甩干利润指标中的"水分"，剔除企业中可能发生坏账的因素，使投资者、债权人等更能充分地、全面地认识企业的财务状况。所以，考察企业经营活动现金流的情况可以较好地评判企业的盈利质量，确定企业真实的价值创造。

3. 决定企业生存能力

企业生存乃价值创造之基础。据报道，破产倒闭的企业中有 85% 是盈利情况非常好的企业，现实中的案例以及 20 世纪末令世人难忘的金融危机使人对"现金为王"的道理有了更深的感悟。

传统反映偿债能力的指标通常有资产负债率、流动比率、速动比率等，而这些指标都是以总资产、流动资产或者速动资产为基础来衡量其与应偿还债务的匹配情况，这些指标或多或少会掩盖企业经营中存在的一些问题。

其实，企业的偿债能力取决于它的现金流。比如，经营活动的净现金流量与全部债务的比率，就比资产负债率更能反映企业偿付全部债务的能力，现金性流动资产与筹资性流动负债的比率，就比流动比率更能反映企业短期偿债能力。

在吉姆·斯莱特看来："现金流对过去的投资进行总结或许是一种冒险行为，但我可以很有把握地告诉你，具有良好现金流的股票一贯引人注目。反之，无法将自身盈利变为现金的公司值得怀疑。"

5.2.2　吉姆·斯莱特的提示

在英国投资大师吉姆·斯莱特看来，企业为了给投资项目提供资金，上市公司必须拥有健康的现金流，健康的现金流包括的具体内容，如图 5.3 所示。

图 5.3　健康的现金流包括的具体内容

吉姆·斯莱特认为，现金流是一家企业的命脉。除了能让投资者确认一家公司是否伪造账目，它还能表明以下事实。

（1）未来的股利是否安全。

（2）流动性和负债的大致变动趋势。现金流是偿付债务和改善流动性的基础。除非现金流表现强劲，否则公司的负债将会增加，并且流动性状况也会恶化。

（3）一家公司是否过度扩张营运。每股收益迅速增加，而现金流却在萎缩，这一事实或许表明该公司过度扩张营运。例如，存货及应收款项的增长可能占用了过多的资金。反之，这也会让人产生如下的疑问：公司的信贷政策是否过于宽松，或者客户是否无力付款。

（4）未来的扩张计划及资本支出计划能否从公司内部获得资金支持。

5.3 筛选标准

在吉姆·斯莱特眼中，构建基于每股现金流的筛选标准，需要将它与同一会计期间的每股收益联系起来。在实践中，运作良好的一条筛选标准要求较为宽松，只需要上一报告年度的每股现金流超过每股收益，并且在过去5年里，平均的每股现金流超过平均的每股收益即可。

利润和市盈率指标主导公司表现的评估和股价的估值。但是，会计方法的轻微变动就会引起收益的变动，从而造成不同时间或不同公司间的利润不可比。实际的现金流可以克服这一不足。以下我们将对现金流进行详细分析。

5.3.1 传统的做法

计算现金流的传统做法是将非现金性支出加回到扣除了股息和税钱的利润中。非现金性支出有折旧、摊销、注销等，这些项目在损益表中都算作费用，但实际上企业是不用为这些费用支出现金的。

证券分析师关注这些项目主要是为了能够反映资产账面价值的变动。股息是税后支付的，未反映在利润项目上，它们是实实在在的现金流出，减去股息再加回非现金费用就给出了现金流的估值。这种广泛使用的根据权责发生制的会计方法计算的现金流估值方法存在许多的不足。权责发生制的会计方法总是在确认收入后才计入相匹配的费用。

例如，用于添置存货的现金支出是不会在存货售出以前计入损益表的。即使在这个时候，公司间存货成本的确认也是不相同的，因为有的公司采用的是先进先出法，而有的使用后进先出法。如果应收账款增长率超过了销售增长率，则高销售并不等于高现金流。

5.3.2　现金流量表

1987 年，美国开始要求上市公司提供现金流量表，目的在于揭示影响现金流的相关因素。现金流量表直接关注现金的变化水平，克服了一些传统现金估值方法的不足。

现金流量表将公司现金分为三类，如图 5.4 所示。

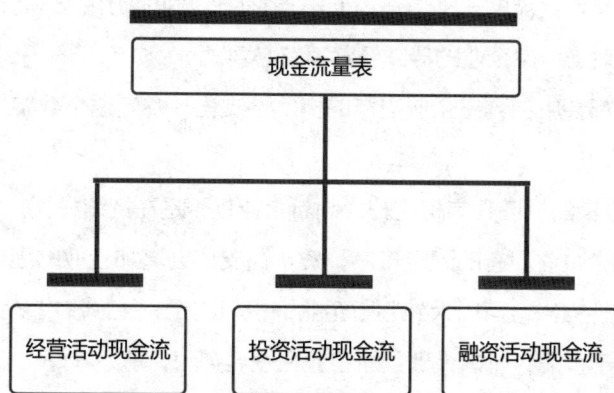

图 5.4　现金流量表的主要内容

（1）经营活动现金流体现公司日常经营活动产生现金的能力。经营活动现金流考虑了应收账款对现金流的影响和应付费用对现金流的影响。正的现金流说明公司能够从持续经营活动中获得足够的现金维持运转，不需要另外投入现金。而负的经营性现金流则说明公司需要为日常运转筹集资金。

（2）投资活动现金流试图把握公司长期资本投资对现金流量的影响。固定资产及设备的购置、有价证券的买卖、非核心业务的购入或卖出是主要的影响因素。负的投资活动现金流表明公司长期资产或对外投资增加。而正的现金流则是公司资产出售的结果。

（3）融资活动现金流可以衡量公司筹集资金和发放股息对现金流的影响。发行股票或债券、支付股息、股票回购是影响融资活动现金流的主要因素。投资者应当注意的是，利息支付被当作是正常的经营活动的一部分，因此被划在经营活动现金流部分。外汇汇兑对现金流产生的影响被看作融资活动现金流的一部分。

5.4 衡量指标

衡量自由现金流的两个最为关键的两个财务指标是资本支出和净利润现金含量。

5.4.1 资本支出

资本支出是现金流的一种用途，而不是它所引发的费用。然而，在某些情况下，资本支出对于一家企业的持续经营很有必要。

财务报表都会单独列出企业当年的资本性支出，拿到这个数字后通常可以从两个方面去分析：

（1）与当期的折旧数字相比较，判断企业是否是在持续成长。

折旧会减少企业现有的固定资产，资本性支出会增加企业的固定资产。如果折旧大于资本性支出，可以大致判断企业的投资不足，发展没有多大后劲；如果资本性支出大于折旧，可以大致判断企业在发展扩张，前景看好。

（2）计算资本性支出占当年收入的比例，进行横向和纵向对比。

横向对比主要是进行行业内企业的对比分析，如福特和通用；纵向对比是和一家企业前几年数据的比较，可以看出企业是否是在加大还是缩减固定资产的投入。如果是缩减，可能表明行业在萎缩，企业投资趋于谨慎。

资本性支出最大的用途就是计算企业的自由现金流。在美国上市的企业通常采用经营活动产生的净现金流减去资本性支出来得出企业的自由现金流：即自由现金流 = 企业经营活动产生的净现金流 - 资本性支出。

财务上把资本性支出作为企业获得现金流的扣减项，这很容易理解。因为资本性支出是企业每年必须要花费的，正如你的汽车每年必须去保养一样。如果不进行资本性支出，企业就无法持续经营下去。这部分现金支出就是"强制"性的，这是"维护性资本支出"。

企业提高自由现金流的方法之一就是缩减企业的长期资产投入。长期资产投入其实就是资本性支出。

企业购建资产的支出称之为资本性支出，固定资产在给企业带来直接经济利益影响的期间进行购置成本的分配称之为折旧；只要把净利润加上当期的折旧就可推出净现金流，这也说明净利润不能真实反映企业的真实现金流情况。

考察企业的发展前景与动力可以结合资本性支出与其他指标综合分析；经营活动产生的净现金流减去资本性支出就是企业的自由现金流；资本性支出是企业维持持续正常经营的"强制"性支出。

在投资中，应当避免每股资本支出常常超过每股现金流的"现金老虎"公司。对成长股而言，高所有者收益是一条非常可取的标准。

在计算所有者收益时，沃伦·巴菲特会在净收入上加上折旧费用、折耗费用及摊销费用。然后他会扣除一家公司可能需要的资本支出，以及为了维持其竞争地位及单位产量所要求的额外运营资本。取 REFS 的 5 年每股现金流数字，并且扣除资本支出，所得到的数值很接近沃伦·巴菲特的计算结果，并且运用这一经验法则可以迅速得到结果。

当然，自由现金流也不是万能的，例如在金融业和房地产行业就不适用，但是它能帮投资者排除垃圾股，是判断企业经营情况的重要指标。特别是当企业的自由现金流突然变得不正常时，要特别注意其自由现金流，尽可能地寻求合理的解释。

我们可以简单地认为，如果一个企业不创造自由现金流，它就不是一个值得投资的企业。毕竟，股东是要以能拿到手里的现金流入作为投资回报的。

5.4.2 净利润现金含量

资产负债表是以权责发生制为基础编制的，现金流量表则是以收付实现制为基础编制的，两者之间不可避免会有一些差异。比如，有些企业可能会出现净利润很高，经营现金流却为负值的情况。当企业的现金流持续为负值时，企业很可能会陷入经营困难的境地。为了能看清企业的净利润中包含多少因经营活动产生的现金，投资者可借助净利润现金含量这一财务指标进行分析。

所谓净利润现金含量，是指生产经营中产生的现金净流量与净利润的比值。该指标越高越好，指标值高表明销售回款能力较强，成本费用低，财务压力小。其计算公式如下：净利润现金含量 = 经营现金净流量 / 净利润。

下面我们来分析一下净利润现金含量的交易含义，见表 5.1。

表 5.1　净利润现金含量的交易含义

假设条件	净利润现金含量的交易含义
1. 净利润现金含量 ≥ 1	说明企业在市场上具有较强的竞争力，能将账面利润全部转化为现金
2. 净利润现金含量 < 1	说明企业很多应收账款可能无法收回，企业真实利润水平远低于账面数值
3. 净利润现金含量 ≥ 0 且净利润和经营现金净流量全部 < 0	说明企业经营遇到较大困难，若这种情况不改善，企业未来可能难以经营下去
4. 净利润现金含量 < 0 且经营现金净流量 < 0	说明企业经营状况不佳，在某方面的支出可能会失去控制

例如，根据某上市公司公开的财务资料，该公司 2018 年的经营活动现金净流量为 3.5 亿元，而该公司当期的净利润为 2 亿元，则该上市公司 2018 年度的净利润现金含量比率计算如下：

净利润现金含量比率 =3.5/2=1.75

净利润现金含量比率反映了上市公司当期实现净利润的可靠程度，若该指标大于 1，则表明公司当期净利润有足够的现金保障。但这指标值也不是固定不变的，借鉴对上市公司的衡量标准，净利润现金含量的指标值一般不应小于 0.7。

5.5　筛选成长股

我们如何运用自由现金流这一财务指标筛选成长性 A 股呢？

具体方法见表 5.2。

表5.2　运用自由现金流筛选成长性 A 股的方法

序号	运用自由现金流筛选成长性 A 股的方法
1	正的、持续的自由现金流是从现金流角度选择成长性股票的一个基本点，股本 ≥ 3.5 亿元
2	排除金融性公司
3	过去 5 年中的每一年以及最近 12 个月的自由现金流为正值
4	要求股价对每股自由现金流的比率低于行业平均且低于自己的 5 年均值
5	每股现金流至少要超过每股收益，这是一条非常宽松的要求。在构建更为严格的筛选标准时，投资者可以坚持的保障倍数为 1.5

（1）第一个选股标准是股本 ≥ 3.5 亿元，这限制排除了流动性差的小公司的股票。

（2）排除金融性公司。在股票投资者中，自由现金流的计算是经营活动现金流减去资本性开支和股息。金融性公司一般没有大的资本性开支，同时在有价证券上进行大量投资，这种状况下的自由现金流与一般状况是有所不同的。对于金融性公司来讲，考察总现金流更为合适。

（3）筛选标准还要求过去 5 年中的每一年以及最近 12 个月的自由现金流为正值。

更为理想的情况是，一个公司能够总是有不断增长的自由现金流。但是，周期性行业的公司和有着较长建设周期的公司在正常经营过程中会存在销售放缓、存货增长、需要大量资本投入的时期。

例如，美国波音公司由于开发一种新飞机需要很长的周期，在开发开始阶段现金流减少，而且有着一个较长的和较昂贵的新产品建设周期，在产品交付使用前表现出的是负的自由现金流。这种类型的公司会被每年都有正的现金流的筛选标准所淘汰。

如果对这类公司有兴趣，投资者可以对一定时期的自由现金流进行平均，对平均值给出一个较高要求。尽管本杰明·格雷厄姆强调收益和账面价值，他也将过去 3 年的收益进行平均以去掉周期性因素的影响。

（4）筛选标准要求价格对每股自由现金流的比率低于行业平均且低于自己的 5 年均值。

高的自由现金流可以带来股价的走高。价格对每股自由现金流的比率是一个对合理股价的判别方法。将一个公司的价格对每股自由现金流的比率与其他公司、行业平均、自己的历史平均进行比较可以对公司股价进行估值，就像市盈率指标的使用一样。值得注意的是，周期性公司在经济扩张阶段价格对每股自由现金流的比率一般较低。当市场与其经济增长放缓或公司现金和收益将减少时价格对每股自由现金流的比率也会较低。但如果市场对负面因素或其程度的预期是错误的，则投资者可以买到便宜货。

对公司现金流的分析是非常有用的，自由现金流涵盖了对公司销售、存货控制、费用控制、应收账款、利息支付、产品开发和资本支出等多方面的考虑。低的价格对每股自由现金流的比率的筛选标准提供了一个选择值得关注股票的好的方法。初选出值得关注的公司后，还需要仔细研读公司年报、深入了解公司及其产品和竞争对手。

（5）每股现金流至少要超过每股收益，这是一条非常宽松的要求。在构建更为严格的筛选标准时，投资者可以坚持的保障倍数为 1.5。

因此，吉姆·斯莱特推荐投资者采用这一标准并且建议：假如与每股收益相比，一家公司每股现金流的表现要好得多，那么在最后评估其股票是否值得购买时，应将这一点作为它的优势。

第 6 章

每股收益

投资者在使用财务指标时有以下三种方式：通过每股收益指标排序，来寻找所谓绩优股；横向比较同行业的每股收益来选择龙头企业；纵向比较个股的每股收益来判断该公司的成长性。

6.1 何为每股收益

正如英国投资大师吉姆·斯莱特所言："如果一家公司的每股收益增长正在加速，这常常是廉价购买其股票的一次绝佳机会。原因很简单，预测每股收益的变动要花上几个月的时间，而且更为重要的是，该公司的增长率要反映在股票价格之中，也要花上几个月的时间。"

每股收益即每股盈利（EPS），又称每股税后利润、每股盈余，指税后利润与股本总数的比率。是普通股股东每持有一股所能享有的企业净利润或需承担的企业净亏损。

每股收益通常被用来反映企业的经营成果，衡量普通股的获利水平及投资风险，是投资者等信息使用者据以评价企业盈利能力、预测企业成长潜力进而做出相关经济决策的重要财务指标之一。

在利润表中，会列示"基本每股收益"和"稀释每股收益"项目。

在成长股投资基本分析的诸多衡量指标中，EPS 也是最常见的参考财务指标之一。

6.1.1 反映税后利润

EPS 反映了每股创造的税后利润。比值越高，表明所创造的利润越多。若公司只有普通股时，净收益是税后净利，股份数是指流通在外的普通股股数。如果公司还有优先股，应从税后净利中扣除分派给优先股东的股利。

总之，每股收益，是衡量上市公司盈利能力最重要的财务指标。它反映普通股的获利水平。投资者在分析时，可以进行公司之间的比较，以评价该公司相对的盈利能力；可以进行不同时期的比较，了解该公司盈利能力的变化趋势；可以进行经营实绩和盈利预测的比较，掌握该公司的管理能力以及成长能力。

1. 基本类型

根据股数取值方法的不同，每股收益存在以下两种类型，如图 6.1 所示。

图 6.1　每股收益的类型

（1）全面摊薄每股收益：指计算时取年度末的普通股份总数，理由是新发行的股份一般是溢价发行的，新老股东共同分享公司发行新股前的收益。

（2）加权平均每股收益：指计算时股份数用按月对总股数加权计算的数据，理由是由于公司投入的资本和资产不同，收益产生的基础也不同。

2. 注意事项

投资者在计算每股收益时要注意以下三个问题：

（1）编制合并会计报表的公司，应以合并报表中的数据计算该指标。如果公司发行了不可转换优先股，则计算时要扣除优先股数及其分享的股利，以使每股收益反映普通股的收益状况。已作部分扣除的净利润，通常被称为"盈余"，扣除优先股股利后计算出的每股收益又称为"每股盈余"。

（2）某些上市公司具有复杂的股权结构，除普通股和不可转换优先股以外，还有可转换优先股、可转换债券、购股权证等。可转换债券的持有者，可以通过转换使自己成为普通股股东，从而造成公司普通股总数增加。

（3）购买股权证持有者，可以按预定价格购买普通股，也会使公司普通股份增加。普通股增加会使每股收益变小，称为"稀释"。计算这种复杂的股权结构的每股收益时，应按照国家有关管理部门的规定进行。没有相关规定的，应按国际惯例计算该指标，并说明计算方法和参照依据。

6.1.2　主要计算方法

总的来说，每股收益计算方法分为以下两种类型，如图 6.2 所示。

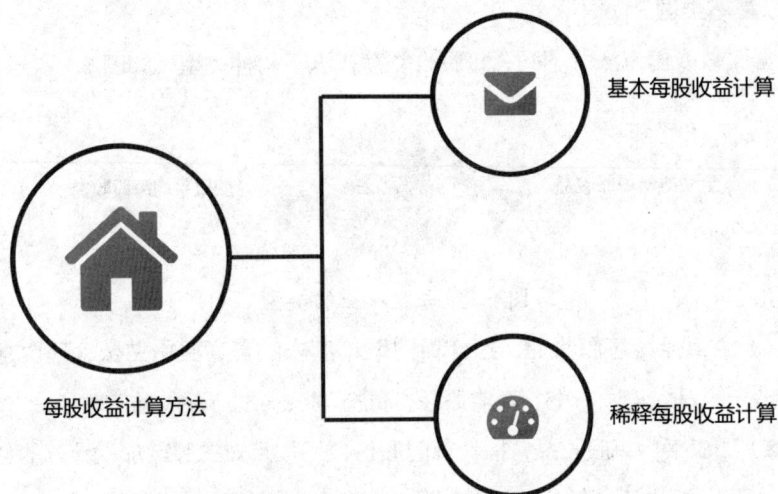

图 6.2　每股收益计算方法的类型

1. 基本每股收益的计算

每股收益的计算公式为：基本每股收益＝归属于普通股股东的当期净利润／当期发行在外普通股的加权平均数。

从上述公式中可以看出，计算基本每股收益，关键是要确定归属于普通股股东的当期净利润和当期发行在外普通股的加权平均数。在计算归属于普通股股东的当期净利润时，应当考虑公司是否存在优先股。

如果不存在优先股，那么公司当期净利润就是归属于普通股股东的当期净利润。如果存在优先股，在优先股是非累积优先股的情况下，应从公司当期净利润中扣除当期已支付或宣告的优先股股利；在优先股是累积优先股的情况下，公司净利润中应扣除至本期止应支付的股利。

新发行普通股股数，应当根据发行合同的具体条款，从应收对价之日（一般为股票发行日）起计算确定。当期发行在外的普通股可能处于不断的变化中，所以在计算每股收益时应计算其加权平均数。其计算公式为：当期发行在外普通股加权平均数＝期初发行在外普通股股数＋当期新发行普通股股数 × 发行在外时间／时间－当期回购普通股股数 × 已回购时间／报告期时间。在计算当期发行在外普通股加权平均数时，加权数可以按天数来计算，在不影响计算结果合理性的前提下，也可以按月来计算。

在计算当期发行在外普通股的加权平均数时，有两个问题值得注意：

（1）对于企业合并采用权益结合法处理的情况（企业合并），应根据合并过程中发行或取消的股票数调整加权平均数；

（2）在发生不改变企业资源但将引起当期发行在外普通股股数发生变动的情况（如派发股票股利、公积金转增股本、拆股和并股）下，需重新计算所有列报期间的股份数，并追溯调整所有列报期间的每股收益。

在计算流通在外普通股加权平均数时，特别要注意的是企业合并中所采取的核算方法，核算方法不同，外发普通股在外流通的时间也不相同。非同一控制下的企业合并应采用购买法核算。在购买法下，被合并企业的合并前的净利润不包括在合并企业的净利润中，只有合并以后的利润才包括在合并企业的净利润中。所以在购买法下，因合并而发行的股票流通在外的时间应从股票发行的时间开始计算。同一控制下的企业合并应采用权益结合法核算。

例如，某上市公司 2018 年度归属于普通股股东的净利润为 25 000 万元。2017 年年末的股本为 8 000 万股，2018 年 2 月 8 日，以截至 2017 年总股本为基础，向全体股东每 10 股送 10 股，总股本变为 16 000 万股。2018 年 11 月 29 日再发行新股 6 000 万股。某上市公司 2018 年度基本每股收益如下：

2018 年 基 本 每 股 收 益 =25 000/（8 000+8 000×11/12+6 000×1/12）=1.58（元）。

2. 稀释每股收益计算

实践中，上市公司常常存在一些潜在的可能转化成上市公司股权的工具，如可转债、认股期权或股票期权等，这些工具有可能在将来的某一时点转化成普通股，从而减少上市公司的每股收益。

稀释每股收益，即假设公司存在的上述可能转化为上市公司股权的工具都在当期全部转换为普通股股份后计算的每股收益。相对于基本每股收益，稀释每股收益充分考虑了潜在普通股对每股收益的稀释作用，以反映公司在未来股本结构下的资本盈利水平。

计算稀释的每股收益时，应对基本每股收益的分子和分母进行调整。就分子而言，当期可归属于普通股股东的净利润，应根据下列事项的税后影响进行调整：首先，当期已确认为费用的稀释性潜在普通股的利息；其次，稀释性的潜在普通股转换时将产生的收益或费用。这里主要是指可转换公司债券。

就分母而言，普通股加权平均股数为在计算基本每股收益时的股份加权平均数加上全部具稀释性潜在普通股转换成普通股时将发行的普通股的加权平均数量。以前发行的具稀释性潜在普通股应视为已在当期期初转换为普通股，本期发行的潜在普通股应视为在发行日转换成普通股。对分母的调整主要涉及期权和认股权证。具有稀释性的期权和认股权证不影响归属于普通股的净利润，只影响普通股的加权平均数。只有当行权价格低于平均市场价格时，股票期权和认股权证才具有稀释性。

计算时，应假定已行使该期权，因此发行的普通股股数包括两部分：一是按当期平均市场价格发行的普通股，不具有稀释性，计算稀释的每股收益时不必考虑；二是未取得对价而发行的普通股，具有稀释性，计算稀释的每股收益时应当加到普通股股数中。

增加的普通股股数用公式表示为：

调整增加的普通股股数 = 拟行权时转换的普通股股数 − 行权价格 × 拟行权时转换的普通股股数 / 平均市场价格。

例如，某上市公司 2018 年归属于普通股股东的净利润为 20 000 万元，期初发行在外普通股股数 10 000 万股，年内普通股股数未发生变化。2018 年 1 月 1 日，公司按面值发行 20 000 万元的 3 年期可转换公司债券，债券每张面值 100 元，票面固定年利率为 2%，利息自发放之日起每年支付一次，即每年 12 月 31 日为付息日。该批可转换公司债券自发行结束后 12 个月以后即可以转换为公司股票。转股价格为每股 10 元，即每 100 元债券可转换为 10 股面值为 10 元的普通股。债券利息不符合资本化条件，直接计入当期损益，假设所得税税率仍为 33%。

假设不考虑可转换公司债券在负债和权益成分上的分析，且债券票面利率等于实际利率，2018 年度每股收益计算如下：

（1）基本每股收益 =20 000/10 000=2（元）。

（2）假设转换所增加的净利润 =20 000×2%×（1−33%）−268（万元）。

（3）假设转换所增加的普通股股数 =20 000/10=2 000（万股）。

（4）增量股的每股收益 =268/2 000=0.134（元）。

（5）增量股的每股收益小于基本每股收益，可转换公司债券具有稀释作用。

（6）稀释每股收益 =（20 000+268）/（10 000+2 000）=1.689（元）。

6.1.3　三种认识误区

投资者使用每股收益分析盈利性要注意以下三个问题：

（1）每股收益不反映股票所含有的风险。例如，假设某公司原来经营日用品的产销，最近转向房地产投资，公司的经营风险增大了许多，但每股收益可能不变或提高，并没有反映风险增加的不利变化。

（2）股票是一个"份额"概念，不同股票的每一股在经济上不等量，它们所含有的净资产和市价不同即换取每股收益的投入量不相同，限制了每股收益的公司间比较。

（3）每股收益多，不一定意味着分红多，还要看公司股利分配政策。

6.2　每股收益的衡量指标

投资者在使用 EPS 时一定要结合其他财务信息、非财务信息等相关要素，如公司的净利润增长率、净资产收益率、销售利润率、资产周转率等指标的变化以及公司所处行业的周期、行业地位、宏观环境变化等因素，进行综合分析后理性投资。

每股收益仅仅代表的是某年每股的收益情况，基本不具备延续性，因此不能够将它单独作为判断公司成长性的指标。由每股收益的计算公式可以看出，如果总股本发生变化每股收益也会发生相反的变化。这个时候再纵向比较每股收益的增长率，投资者会发现很多公司都没有很高的增长率，有的甚至是负增长。

（1）净利润。公司财务报表上的净利润数字，是根据一定的会计制度核算出来的，并不一定反映出公司实际的获利情况，采取不同的会计处理方法，可以取得不同的盈利数字。与其他国家会计制度比较，相对来说，中国会计制度核算出的净利润比采用国际通行的会计制度核算出来的盈利数字偏高一些。

（2）净利润总值／总股本。在研究公司每股收益变化时，还必须同时参照其净利润总值与总股本的变化情况。由于不少公司都有股本扩张的经历，因此还必须注意每个时期的每股收益数字的可比性。公司的净利润绝对值可能实际上是增长了，但由于有较大比例地送配股，分摊到每股的收益就变得较小，每股收益可能表现出减少的迹象。

但如果以此便认为公司的业绩是衰退的话，这些数字应该是可比的。不过，对于有过大量配股的公司来说，要特别注意公司过去年度的每股收益是否被过度地摊薄，从而夸大了当前的增长程度。这是因为，过去公司是在一个比较小的资本基础上进行经营的，可以使用的资金相对目前比较少，而目前的经营业务是在配股后较大的资本基础上进行的。

（3）应收账款。公司应收账款的变化情况是否与公司营业收入的变化相适应，如果应收账款的增长速度大大超过收入的增长速度的话，很可能有一部分已计入利润的收入最终将收不回来，这样的净利润数字当然要打折扣了。

（4）固定资产折旧。公司每年打入成本的固定资产折旧是否足够。如果这些资产的实际损耗与贬值的速度大于其折旧速度的话，当最终要对这些设备更新换代时，就要付出比预期更高的价格，这同样会减少当前实际的盈利数字。

（5）每股收益／经营规模。如果仅仅从每股收益来看，目前的确有较大增长，但是这部分盈利可能并不是因为公司经营规模扩大造成的。比如，某公司收购了一家公司，将该公司的利润纳入本期的财务报表当中，就很容易地使得每股收益得到增长。

6.3 分析每股收益的质量

在进行投资时，投资者使用每股收益率指标可以达到以下三个目的：

（1）通过每股收益指标排序，是用来初步寻找一些收益率相对较高的股票，标定出所谓的"绩优股"和"垃圾股"；

（2）通过横向比较同行业的每股收益来筛选出其中的龙头企业；

（3）纵向比较个股的每股收益来判断该公司的成长性。

在运用每股收益率指标时，应综合企业其他经营状况，不可盲目追求过高的每股收益率分析每股收益，具体可用两个分析指标来衡量每股收益的水准，如图 6.3 所示。

每股收益比较　　关键衡量财务指标　　每股收益增长率变动

图 6.3　分析每股收益

6.3.1　每股收益比较

不同行业或企业之间对比每股收益没有意义。不过纵向比较企业历年每股收益，能够反映一些问题。一般情况下，一家健康发展的企业，股票每股收益会呈上升态势，而且其增长的比例应在 10% 以上，若每年增幅达 30% 以上更佳。

例如，贵州茅台（600519）的每股收益总体上呈稳步上升趋势，但 2014 年和 2015 年出现了小幅回落。在 2014 年和 2015 年，贵州茅台每股收益出现的小幅下降情况，与前一年度利润分配方案中"每 10 股送 1 股"的送配股有关。也就是说，这两年该股股本数都比前一年度增加，因而分摊到每股的收益出现相应下降。

近年来贵州茅台的每股收益呈现稳步上升态势，这也使得该股的股价一路走高。自 2014 年 1 月 8 日至 2018 年 1 月 15 日，短短 4 年时间，贵州茅台的股价上涨 10 多倍。在股价上升的这段时间里，该股每股收益是持续走高的。2017 年，贵州茅台的股价上升最为迅猛，每股收益也是增加最多的一年。

除了配股、送股、增发等情况外，考察个股每股收益时，投资者还需要了解企业每股收益增长的原因。并不是说个股的每股收益增长越快越好，还要考虑这种增长是否具有可持续性。若是上市公司通过变卖资产以换取短期收益暴增，则需剔除这部分收益，再来看其收益有无实质性的增长。

6.3.2　每股收益增长率变动

投资者在使用每股收益增长率这一指标时应该注意：一是该公司的每股收益增长率和整个市场进行比较；二是和同一行业其他公司进行比较；三是和公司本身历史每股收益增长率进行比较；四是以每股收益增长率和销售收入增长率进行比较，衡量公司未来的成长潜力。

每股收益增长率是由每股收益演化而来的，其在衡量个股成长性方面用途更为广泛。每股收益增长率反映每股公司股权可分得利益的增减情况。一般情况下，成长股的每股收益增长率越高，持续性越强，说明该股的成长性越好。

每股收益增长率的计算公式如下：

每股收益增长率 =(当期每股收益 − 上期每股收益)/ 上期每股收益

一般情况下，只有当一只股票的每股收益增长率达到或超过 15%，且这种增长速度能够保持 5 年以上，才能称为成长股。当然，出现个别特殊情况，某一年度的每股收益增长率低于 15%，但只要平均增速超过 15%，也不影响对其成长股的认定。

行业不同，每股收益增长率也会有所不同。例如，一些刚刚上市的、股本量较小的企业，每股收益增长率可能会远远超过 15%；上市时间较久且股本量较大的企业，每股收益增长率就会相对缓慢。个别创业板股票的每股收益增长率，甚至能够连续多年超过 100%。在实战选股时，投资者要适当做出改变。

投资者需要了解关注行业的年均每股收益增长率，然后将目标标的每股收益增长率放到整个行业中去做比较。若目标股票是一只上市年限较短、股本较小的股票，那么它的每股收益增长率至少要排进行业前 3 名才行。若是上市年限较长、股本较大的股票，它的每股收益增长本排名可以适当靠后一点儿，但仍要位于行业前 20 名。

例如，自从 2014 年开始，东软集团（600718）的每股收益出现持续上升，但在 2016 年出现爆炸性增长，2017 年出现回调。投资者经过调查了解得知，2016

年东软集团的子公司东软医疗和东软望梅先后引入其他战略投资者，致使东软集团失去控股权，东软集团不能再将两家公司的财务报表合并至东软集团，这一系列变化使得东软集团 2016 年年报中的收益大幅增加，但 2017 年的财务数据大幅回落。在对比东软团集团每股收益走势时，投资者必须考虑每股收益增长率这一变动因素。

第 7 章

管理能力

投资股票，如同将钱交给标的公司的管理团队去运营。正因为如此，投资者选择成长股，在很大程度上就是寻找那些由高效管理团队经营的企业。

7.1 上市公司治理结构

优秀企业的背后必然有一个优秀的管理层，这个管理层应该具有科学合理的公司治理结构，同时能保持一定的稳定性。

沃伦·巴菲特说过，买一家公司的股票就是在买这家公司的管理层，他会亲自通过各种渠道来求证公司管理层是否值得信赖。他所看上的管理层都是把敬业放在第一位，而把收入放在次要的位置考虑。这是很聪明的做法。

公司治理结构是指为实现资源配置的有效性，所有者（股东）对公司的经营管理和绩效进行监督、激励、控制和协调的一整套制度安排，它反映决定对公司的发展方向和业绩的各参与方之间的关系。也就是说，公司治理结构就是股东与经营者由谁来为公司拿主意，决定公司的发展方向。

按照现代管理原则，通常由企业的所有者（股东）聘请经理人来管理公司，所有者（股东）对经理人实施监督。由于上市公司股权分布不同，所有者（股东）对经营者施加的影响力有所不同。

在一般情况下，我国上市公司治理结构主要分为 3 种，如图 7.1 所示。

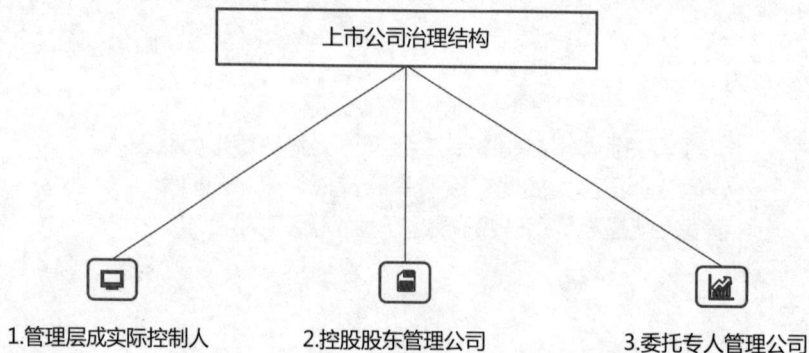

图 7.1　我国上市公司治理结构类型

7.1.1 管理层成实际控制人

随着 A 股进入全流通时代，股权分散的公司越来越多，这类公司具有如下 3 个特点：

（1）没有绝对的控股股东。也就是说，持有公司股份最多的股东，也只是拥有公司很少一部分股权。

（2）大股东对管理层没有直接影响力，不能任命管理人员。

（3）大股东只能与其他股东联合起来，才能对管理层施加压力。

这类股权分散的企业，其管理层的经营效果直接对所有股东负责，而不是直接对某个或几个大股东负责。所有股东借助股东大会选举的董事会，完成对管理层实施监督。一般情况下，这类公司的管理层对企业拥有较强的掌控能力，企业能够按照管理层的设想和规划发展，企业往往比较健康、稳定。

不过，由于股权过于分散，这类公司也容易被某些资本大鳄列为攻击目标，比如南玻 A（000012）和万科 A（000002），都曾被宝能系资金恶意收购。不过，大资金介入时，这类公司往往会有一波股价快速上升的过程。

例如，万科 A（000002）是一家以房地产开发为主业的上市公司，自 1991 年上市以来，一直是 A 股市场的样板上市公司。长期以来，万科 A 以其规范化的管理受到资本市场的普遍热捧。该公司的股权十分分散，在 2015 年以前，最大股东持有万科 A 的股份也不到 15%。

自从 2015 年下半年，万科 A 被宝能系资金频繁举牌，宝能系一度成为万科 A 最大股东，从而引发一场万科 A 的股权争夺战。在这次收购中，该股股价随着股权争夺战一飞冲天，从 2015 年 10 月底不到 14 元，一路上涨至 2016 年 8 月中旬的 26.89 元。直到深圳地铁公司介入并成为第一大股东，万科 A 的股权争夺战才告一段落。

7.1.2 控股股东管理公司

A 股市场上，控股股东直接控制公司是一种较为普遍的情况。除了国企之外，大部分上市公司都由控股股东直接控制。这类公司具有以下 3 个特点：

（1）控股股东持有公司绝大多数或相对多数股权。

（2）控股股东与公司的利益是一致的，因而对企业的投入的资金较多，总体说来对企业发展有保障。

（3）上市公司能够按照控股股东的意愿开展经营活动，不过有时可能会损害中小股东的利益。一般情况下，这类企业的管理层比较稳定，毕竟管理层和控股股东是合二为一的。

例如，三安光电（600703）是一家以 LED 发光器件为主业的高科技光电能源公司，该公司大股东为厦门三安电子有限公司，实际控制人为林秀成，公司董事长和总经理均为林秀成的家族成员。也就是说，三安光电的控股股东与管理层是一体的，该公司管理层的运营管理也直接体现控股股东的意志。这样的公司治理结构，能够保证公司管理层的稳定性和经营目标的一致性。

从该公司的财务数据可以看出，其净资产收益率连续数年保持在 10% 以上，说明该股成长性极佳。自 2016 年 11 月 9 日至 2017 年 11 月光电的股价由 11.75 元上涨到 30.05 元，上涨了近 3 倍。

7.1.3　委托专人管理公司

公司有控股股东，但控股股东不亲自经营企业，而是聘请职业管理人对公司进行管理。这是一种比较现代化的管理模式，真正实现了所有者与经营者的分离。

该公司治理结构模式具有如下 3 个特点，如图 7.2 所示。

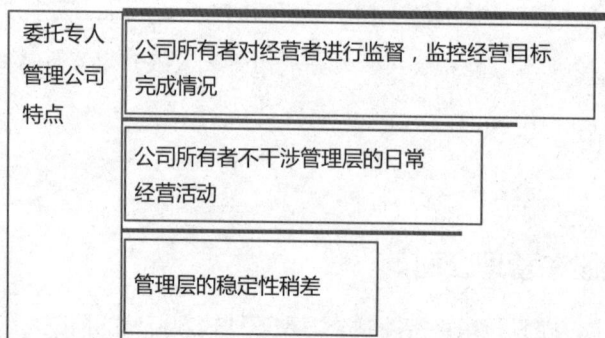

图 7.2　委托专人管理公司特点

当企业经营目标未完成时，控股股东将更换管理层。

例如，美的集团（000333）是一家以家电制造业为主的大型上市公司，旗下拥有美的电器、小天鹅、威灵控股 3 家上市公司。何享健一手创建美的集团，对其拥有绝对的控制权。他退休时，并未将公司交接给其子女，而是由方洪波接替董事长和总经理。

从此之后，美的集团正式开启了所有者和经营者分离的公司治理模式。投资者从该公司的财务报表可以看出，近几年来，美的集团的净资产收益率均在 25% 以上，具有极佳的成长性。自 2014 年 2 月 27 日至 2018 年 1 月 26 日，美的集团的股价由 5.86 元上涨到 61.49 元，增长了 10 倍多。

总体来说，公司治理结构，没有最合适的，只有适合自己企业的。每种公司治理结构都有运作成功的典范，也有失败的案例，关键要看所有者和经营者个体的情况。

7.1.4 管理团队保持稳定

管理团队的构成及稳定性，会对企业的经营管理产生较大影响。

1. 管理团队的组成

因企业的治理结构不同，企业性质不同，管理团队的构成存在多种形式，很多民营企业上市公司仍是家族式管理，即由家族成员担任重要管理职位，国企或国企控股上市公司则由上级直接任命人员担任高级管理职位；由多个股东控制的企业，则由大股东派出高级管理人员。

无论何种方式构成的管理团队，投资者都要考虑这个管理团队内在的知识结构，即管理团队是否具备持续经营该企业的知识与能力。当然，这不仅看管理者的专业背景，还要考虑他们的专长、性格以及在某领域工作的时间，等等。

2. 管理团队稳定性

企业的规划要靠管理团队去执行、去实现，若管理团队稳定性不足，则容易导致企业规划执行不力，甚至走偏。回顾 A 股上市公司中发展伟大的企业，就会发现这些企业的管理团队具有以下这样两个特点：

（1）核心管理团队稳定性极佳。中国股市的几个标杆企业中，中国平安一直由马明哲领导；万科先是王石与郁亮搭档，后来由郁亮独自领导；格力电器先是朱江洪与董明珠搭档，后来朱江洪退休，由董明珠领导的核心领导团队都是几十年没有变过的，所以能一直保持稳定有序的经营。

（2）管理团队逐渐更新换代，更加推崇内部培养模式。随着老一辈创业团队逐渐退居二线，新的领导团队浮出水面。近几年来，空降兵直接领导企业的情况逐渐减少，更多的情况是由企业内部培养的管理者接替老一辈创业者，如方洪波接替何享健成为美的集团总裁，梁海山接替张瑞敏、杨绵绵成为青岛海尔总裁。当然，有些企业的接班者就是创业者的子辈，如三安光电的林志强接替其父林秀成成为三安光电掌门人。

7.2 管理层薪酬及持股

管理层薪酬及持股，反映管理层通过自身努力为企业创造价值后获得的回报情况。在一定程度上，薪酬及持股数量反映了管理团队为企业创造的价值。

作为人力资源管理体系的重要组成部分，薪酬及持股是企业高层管理者以及所有员工最为关注的内容，它直接关系到企业人力资源管理的成效，对企业的整体绩效产生影响。灵活有效的薪酬及持股制度对激励员工和保持员工的稳定性具有重要作用。

1. 管理层薪酬设置标准

薪酬并不一定真实反映一个管理者的价值，但至少能说明一些问题。优秀的人才从来不是廉价的。在所有 A 股上市公司中，万科 A（000002）的老总郁亮和中国平安（601318）的老总马明哲的薪酬总是位列所有上市公司的前茅。

当投资者在感慨二人的高额薪酬时，不妨看看他们带领的管理团队为企业、为股东创造了多少利润。万科作为规模庞大的房地产公司的净资产收益率常年保持在 15% 以上，由此可见他们的领导能力和管理水平。同时，普通投资者也可从股价的上涨中分享企业发展带来的红利。

平安的表现同样优秀，自 2017 年 4 月 12 日至 2018 年 1 月 23 日，中国平安（601318）的股价从 33.85 元上涨到 81.28 元，在不到 1 年的时间里翻了一番还多。也就是说，管理层高水平的管理不仅让自己获得高薪酬，也使投资者获利颇丰。反之，一些看似薪酬较低的管理者，若不能带领企业取得较佳的业绩，那么他的薪酬再低也是昂贵的。

总体来说，市场上优秀的经理人并不多，所有者（股东）给优秀的管理者支付高工资是值得的。相反，那些长期效益较差的企业管理者，领高工资是明显不合理的。

2. 薪酬构成部分的比例

高层管理者的薪酬中，奖金、红利所占的比重将对其工作积极性产重要影响。一般情况下，越是高层管理者，其奖金、红利所占比重越大，而且奖金、红利还与企业利润指标直接挂钩。其实，这是很多上市公司老总领取高额薪酬的原因。某年度若企业业绩较佳，超额完成利润指标，那么按照企业激励机制，这些高层管理者可以领到高额薪酬。

3. 管理层所持股份数量

管理层手中的股票，最原始的来源包括两种，如图 7.3 所示。

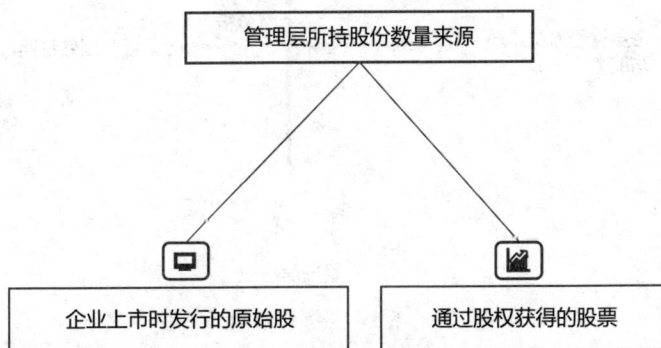

图 7.3 管理层所持股份数量来源

当然，高层管理者也可以通过二级市场直接买入本公司股票。

管理层的持股情况可以反映以下两个问题：

（1）管理层有无持股。从某种意义上来讲，管理层持股与不持股存在本质区别。当管理层持有一定数量的股份后，他就是企业的所有者，能全心全意为企业付出。反之，若其不持有任何股份，那么企业经营好坏与其没有多少关系，很难保证其全力付出。

（2）管理层持股变化。管理层身处企业管理第一线，对企业的经营情况是最了解的。当其不断增加持股量（增持）时，说明其对企业未来的发展非常看好。反之，当其持股量减少（减持）时，说明其并不看好企业的发展，企业未来存忧。特别是一些企业的股票，其价格已经处于低位，管理层仍在减持股票，那么这类企业的发展前景就要打上大大的问号。

7.3 企业管理层分析

优秀的管理层是始终把股东利益放在第一位的团队，优秀的管理层涵盖以下四个方面的内容，如图 7.4 所示。

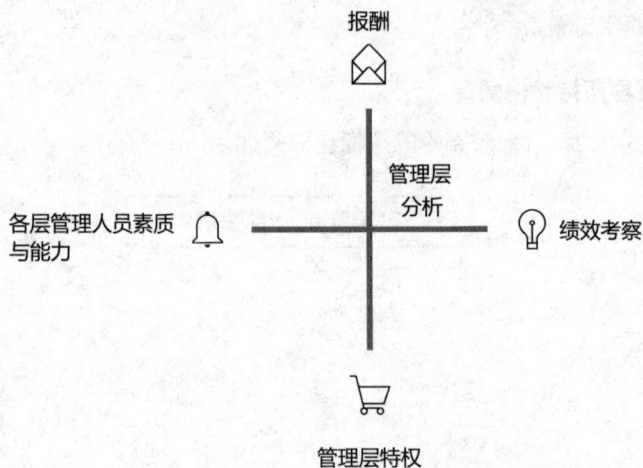

图 7.4 管理层分析四大方面

1. 报酬

报酬的信息包括公司管理人员的报酬以及获得的各种津贴。上市公司管理层报酬的离散程度非常高，且没有明显的规律性和一致性。相当一部分上市公司的管理层报酬表现出"工资刚性"。

在观察报酬时,可以查看公司的薪酬计划,找出其中管理层会为自己支付的薪酬。帕特·多尔西曾经在《股市真规则》这本书中说过:"一般来说,相对于高额的薪水我更喜欢高额的红利,相对于慷慨的期权计划我更喜欢严格限制的股票期权。红利意味着报酬的一部分是有风险的,至少理论上是这样;而严格限制的股票期权意味着如果股票下跌管理层也会有金钱损失。"

中国有句古话"没有功劳也有苦劳",管理层的职责就是为股东创造效益。公司管理层的薪酬和竞争对手管理层的薪酬相当是常见的思维,过高或者过低都暗示存在问题,投资者需要审慎对待这样的公司。

2. 绩效考察

绩效考核是企业绩效管理中的一个环节,是指考核主体对照工作目标和绩效标准,采用科学的考核方式,评定员工的工作任务完成情况、工作职责履行程度和员工的发展情况,并且将评定结果反馈给员工的过程。

在分析企业管理层时,应当关注管理层的薪酬是否真的与企业的业绩表现相关,有不少公司的绩效目标是由董事会委员会制订的,因此在管理层利益受损时会出现改动。

3. 管理层特权

管理层特权中包含特殊津贴、专项补助、期权的比例和限制条件等因素,这些也是评估管理层的重点问题。如果出现管理层特定贷款被豁免、管理层通过公司获得额外津贴、管理层过分使用期权等问题,则有可能是企业即将出现危机的信号。

4. 各层管理人员素质及能力分析

管理层的个人素质以及能力同样是分析一个企业管理能力的关键性证据。一般情况下,一个企业管理人员分为三个部分:决策层、高级管理层、执行层。

决策层是企业最高的权力机构,应有明确的生产经营战略和良好的经济素养,他们应具备较高的企业管理能力和丰富的工作经验,有清晰的思维头脑和综合判断能力。

高级管理层人员应具有与该企业相关的技术知识,通晓现代化管理理论知识,有实际的管理经验，有较强的组织指挥能力，有扎实的廉政工作作风。

执行层，即企业的最基层。各部门的任务要由执行层人员动脑动手操作实施，加以完成。

7.4 管理层的衡量指标

在选择投资目标时，沃伦·巴菲特总把企业的管理者作为很重要的评估指标。当他看好某个企业的领导者时，就会毫不犹豫地投资该企业。

7.4.1 诚信与正直的衡量标准

诚信与正直是考察管理团队的最重要的考量指标。所有者（股东）将投资资金交给管理者打理，就如同主人雇用一个管家给自己打工，若这个管家总是想方设法从主人那里偷钱，然后再用一本假账来糊弄主人，其结果可想而知。

管理层的诚信正直体现在企业的经营管理过程中，主要包括以下几个考量指标，如图 7.5 所示。

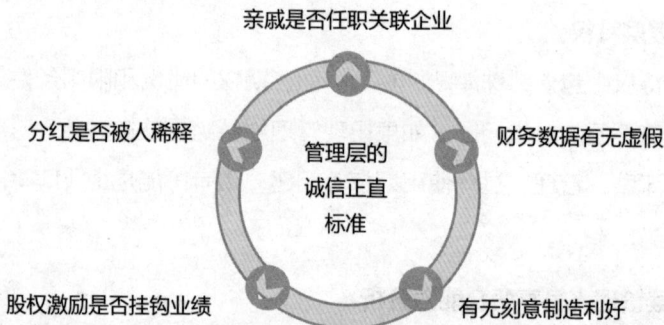

亲戚是否任职关联企业

分红是否被人稀释

管理层的
诚信正直
标准

财务数据有无虚假

股权激励是否挂钩业绩

有无刻意制造利好

图 7.5　管理层的诚信正直衡量标准

1. 财务数据有无虚假

很多上市公司的管理层都有一定的业绩指标。为了让自己能顺利完成当期或下期的业绩指标，有些企业管理层会在财务数据上大做文章，包括虚列营业收入（增加利润和收入）、延期计入当期收入（为了下期财务数据更好看）、财务数据作假（为了兑现激励计划）等。其实，这都属于管理层缺乏诚信的表现，也是对自己经营能力没有信心的表现。

2. 有无刻意制造利好

股市中，总是真真假假利空利好消息满天飞。大部分捕风捉影的利空或利好消息来自一些主力机构，这些机构利用多空消息来扰乱散户的判断，以此牟利。不过，倘若企业管理层为了减持股份而刻意制造利好消息，例如，有些企业的高管总是在企业利好消息发布后进行减持操作，或故意延缓发布利空消息，为减持赢得时间。这样的管理层其诚信要大打折扣。

3. 股权激励是否与业绩挂钩

股权激励是上市公司经常使用的一种激励高层管理团队的方式。股权激励主要是通过附加条件给予员工部分股东权益，使其具有主人翁意识，从而与企业形成利益共同体，促进企业与员工共同成长，从而帮助企业实现稳定发展的长期目标。

在股权激励方案中，通常会设置高层管理者获得股权激励的条件，一般包括这样两点：其一，只有在某一期间内利润指标达到或超过某一标准时，才能获得这些股份；其二，高层获得的股份一般都会有禁止交易的时间限制，即多少月或多少年内不得上市交易。

一般情况下，通过对高层管理团队实施股权激励，上市公司能最大限度地发挥其主动性和积极性，这对投资者十分有利。尽管股权激励需要动用上市公司的资金，可能会让投资者的收益有所减少，但通过激励高管更好地工作，往往可以获得更高的投资回报。

因为股权激励往往附加相关条件，这就使得一些不诚信的高管会在激励标准上做文章，特别是由控股股东担任高层的上市公司更容易出现这种情况。他们会设置一个很低的业绩指标，作为管理者，他们知道这个指标肯定能够完成，然后轻松达到指标后拿到大把的激励股份。

4. 分红是否被稀释

分红是上市公司在盈利中每年按股票份额的一定比例支付给投资者的红利，是上市公司对股东的投资回报。在 A 股市场上，大股东兼任管理层的现象很多，其中有些大股东还握有绝大多数股份。

当企业实施大比例分红时，管理层获得的红利往往非常可观。特别是当上市的企业获得融资后立即进行大比例分红，投资者需要分析管理层分红背后的动机。毕竟这些钱不是管理层通过运营挣来的，而是通过融资从其他股东手中拿到的。这时进行大比例现金分红，获利的只能是原始股大股东。

当然，这并不是说分红不好，但凡事需要有度。沃伦·巴菲特有一个著名的"1美元原则"，即留存的1美元利润能否创造出至少1美元的市场价值。如果可以，就应该留存；否则的话，就应给股东分红。当一家企业实施大比例分红时，其实是在告诉大家，企业无法给股东创造更多价值。

5. 亲戚是否任职关联企业

上市公司肯定会有一些关联企业，这本无可厚非。但是，如果管理层的亲属在其中担任要职，投资者需要重点关注。所谓关联企业，是指与上市企业存在直接或间接控制关系或重大影响关系的企业。相互之间具有联系的各企业互为关联企业。关联企业在法律上可表现为由控制公司和从属公司构成。而控制公司与从属公司的形成主要在于关联公司之间的统一管理关系的存在。这种关系往往借助于控制公司对从属公司实质上的控制而形成。这些关联企业可能会借助管理层成员的亲属关系，从上市公司获得额外的灰色利益。

上述内容是投资者考察投资标的时需要关注的内容。若上市企业经常出现上述内容，就应该回避该企业。

假如管理层有意要欺骗投资者，他们就会按照对他们有利的方式来行事。投资者应当尝试从以下方面获得对一家上市公司的总体印象：

（1）年度股东大会；

（2）年度报告；

（3）董事会的构成；

（4）首席执行官的外事活动及生活方式；

（5）是否实现预期的利润；

（6）顾问的水准。

此外，员工的态度也很能说明问题。电话应答是否迅速，员工是否拥有一种使命感，并且为他们的公司感到骄傲。

7.4.2　核心管理层的管理风格

"兵熊熊一个，将熊熊一窝"。这一法则同样适用于商业领域。管理团队特别是核心管理层的性格与特征，会深刻影响企业的经营管理活动。核心管理层管理风格包括以下 4 种类型，如图 7.6 所示。

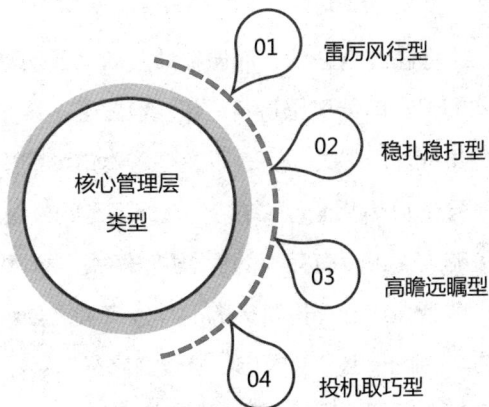

图 7.6　四种管理风格

1. 雷厉风行型

在遇到机遇时，这类核心管理层总能迅速出击，从不拖拖拉拉。他们对企业内部的管控和对部下的要求非常高，整个企业的行事风格与核心管理层一致。善于捕捉机会，喜欢创新和挑战是其主要特征。在这种类型的核心管理层带领下，企业通常会取得较高的效益和较快的发展，但也可能更容易犯错误，毕竟创新是要付出代价的。

2. 稳扎稳打型

这类核心管理层具有老成稳重的特点。当机会出现时，他们会仔细评估机会，一旦认准目标，就会坚持不放。拥有这类核心管理层的企业，发展速度前期可能赶不上雷厉风行管理层领导的企业，但其后劲往往很足，越往后发展速度越快。当然，稳重型管理者如果过于谨慎，在企业发展过程中可能会错失一些发展机遇。

3. 高瞻远瞩型

这类核心管理层经营企业如同下围棋。当他们刚刚开始落子时，根本不觉得有多么高明，但若干年后就会发现，他们所落下的种子早已开花结果，此时竞争对手已无还手之力。当然，这种高瞻远瞩需要站在不同的时间维度来看待，也许5年后看到的是这样一种情形，但10年后可能就是另外一种情形。对于这种类型的核心管理层，作为投资者，需要给予充分的信任，不能单凭一个季度或年度的业绩指标来评价其经营成果。

4. 投机取巧型

这类核心管理层不像在经营企业，而像在炒股票。他们管理的企业总是看起来向最有前景的方向前进，但结果总是不理想。事实上，企业没有对进入一个新领域做好准备，只是象征性地努力一下，以赢得资本市场的追捧。当企业股票价格拉升时，这些管理层义无反顾地选择减持，最终倒霉的只是那些接盘的散户。

世界上没有完美的人，也没有完美的管理风格。每种类型的管理层中，都是既有优秀者，也有失败者。在选择投资标的时，投资者需要考虑这些企业的领路人是属于哪种性格的人，同时也要考虑与自身投资风格、偏好是否相符。

假如投资者认定某个管理层属于高瞻远瞩型，现在企业效益也不特别理想，那么愿意将手中的钱投资给这家公司吗？或者想投资这家公司，但能否持股到这家企业取得重大成果那一天呢？这都是投资者选择股票时需要考虑的问题。

7.4.3　曾任职公司治理水准

作为普通投资者，尽管会尽力搜集一些目标企业的资料，但仍不能对这些上市公司的管理层有一个清晰、准确的认知。借助历史资料和数据分析管理层以往的治理水准，对投资者来说是个不错的选择。

1. 实施战略规划

每隔段时间，上市公司都会提出一个企业战略目标，具体实施效果体现了管理层管理水平的高低。投资者可以查看一些标的企业以往设定的目标和规划，并分析其完成情况。一般情况下，如无特殊原因，每次都能实现其规划目标的企业，往往属于那种管控力、执行力较强的企业。这可以从侧面反映出这些企业管理层属于务实、诚信的。反之，一些经常出台目标、规划，却几乎从没顺利实现的企业，投资者应避而远之。

2. 推进改革能力

市场竞争的形势与格局总是处于不断变化之中。为了适应新的形势、新的竞争，企业必须进行适当改革。推进改革的能力，也是考验管理层管理能力强弱的重要衡量指标。改革总是说起来容易做起来难。其实，企业进行改革，真正能达到改革目标的少之又少。在考察企业时，作为投资者，可以重点关注企业在推进改革过程中遇到的困难及其采取的对策，并关注改革目标的完成情况。

若是某个企业的管理层能连续数次推进企业改革，可以认定其具有推进改革的能力。一般来说，在与其他的企业竞争中，这样的管理层也会占据优势。

3. 以往决策胜率

过去的成功并不代表未来一定会取得成功，但若过去的决策以失败居多，那么很难让人相信其对未来的判断一定会正确。决策成功与否，也反映企业的管理团队有没有将股东的财产看成自己的财产来经营和管理。在选择投资标的时，沃伦·巴菲特常常看这个企业的管理团队是不是"才华横溢，像管理自己的财产一样管理股东的财产"。换句话说，如果管理层真的将股东的财产当成自己的财产去经营和管理，恐怕就不会有那么多的决策失误。

第 8 章

竞争优势

　　成长股上市公司漂亮的财报背后，必然有强劲的竞争优势作为支撑。没有竞争优势，企业很难在市场竞争中生存和发展。成长型企业这种竞争优势在未来一段时间能够保持长久。

8.1 竞争优势构筑企业护城河

英国投资大师吉姆·斯莱特指出："投资拥有独特优势的企业，明显要优于投资其竞争者，因为它们更不容易遭受到攻击。""不容易受到攻击"就是在他们的周围有沃伦·巴菲特所说的"护城河"。

吉姆·斯莱特跟沃伦·巴菲特的思想有异曲同工之处，虽然表述各有不同，但都指向了同一理论即竞争优势理论。

企业的竞争优势可能来自以下几点，如图 8.1 所示。

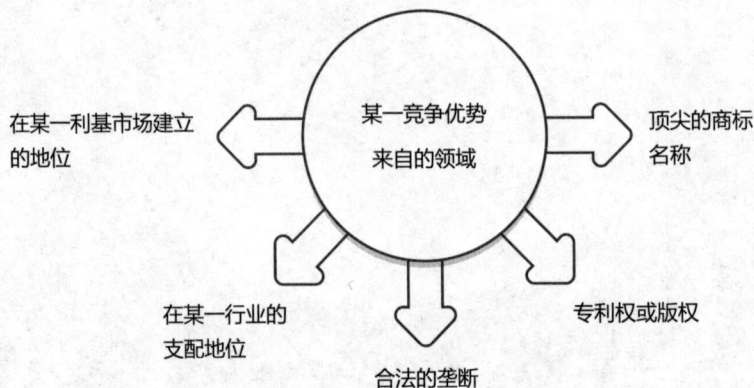

图 8.1 某一竞争优势可能来自的领域

具有显著优势的企业，通常是过去建立起来的、与其他同类企业相比具有显著竞争优势的企业。这些企业具有的竞争优势是其他企业不具备的。

比如，这些企业具有特许经营权。特许经营权是指由权利当局授予个人或法人实体的一项特权。在中国，特许经营权是指特许人拥有或有权授予他人使用的注册商标、企业标志、专利、专有技术等经营资源的权利。在特许经营权中，品牌和技术是核心，品牌一般表现为特许人拥有或有权授予他人使用的注册商标、商号、企业标志等；技术包括特许人授予被特许人使用的专有技术、管理技术等。

显然，拥有这种竞争优势的企业，相当于掌握了非对称的竞争力量，在与竞争对手竞争时获胜把握更大。这种竞争优势可以是某种高科技技术，也可以是全球著名品牌或独特的产品配方。

通过竞争优势，企业可以在一定时间范围内获取高于竞争对手的经济回报。这些竞争优势能够持续的时间越长，带来的经济回报越高。

了解一家企业的长期竞争优势的来源，是透彻分析一家企业的关键点。分析行业竞争结构也是分析企业竞争优势中不可缺少的一部分内容。调查企业如何在市场行业中与其他公司竞争，能够有效地找出企业的最大竞争优势。同时，在考察的过程中也能够判断这是不是一个有利可图、有吸引力的行业。

8.2 特许经营权

沃伦·巴菲特在 1991 年致股东的信中说道："有市场特许经营权的产品和服务具有以下特质：它被人们需要或渴求；消费者认为找不到其他替代品；不受价格管控的约束。企业是否存在以上 3 个特质，可以从企业能否定期且自由地对其产品与服务定价，从而可以赚取较高的资本回报上看出来。此外，特许事业能够容忍不当的管理。低能的经理人尽管会降低特许事业的获利能力，但不会对其造成致命伤害。"

例如在 A 股市场拥有国家级秘密配方的云南白药、片仔癀、东阿阿胶以及同仁堂，无疑属于拥有特许经营权的典型企业。

总体来说，特许经营权都能给企业带来相当大的利润。不过，并不是每个拥有特许经营权的企业，其股价都会不断走高，作为投资者，还需要关注以下三个细节问题，如图 8.2 所示。

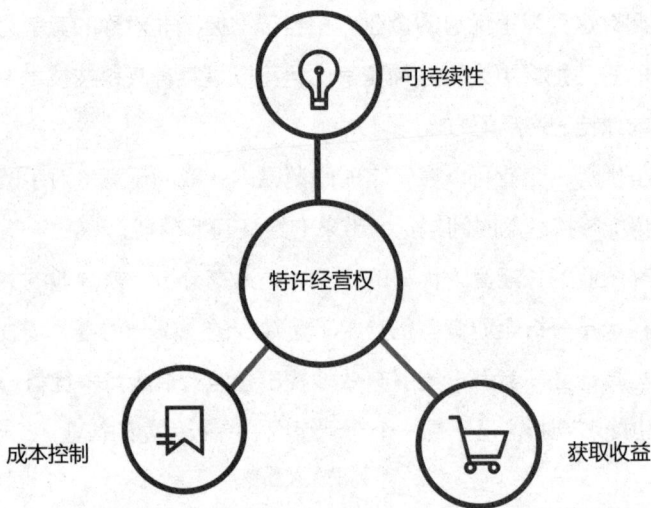

图 8.2　特许经营权需要考虑 3 个问题

1. 可持续性

有些特许经营权可能会一直存在，有些许经营权则有一定的期限。这就如同专利保护期一样，一旦企业持有的特许经营权到期，那么企业的高回报就无法持续。

2. 获取收益

有些企业的特许经营权所获的收益相对较小，而企业支出可能很大。对投资者而言，这种特许经营权就要大打折扣。例如，很多经营高速公路的上市公司，理论上拥有较佳的特许经营权，但这种特许经营权所获得的收益，不得不去支付大量的人工成本（高速公路收费员工资）、高速公路贷款以及高速公路维护费用等，这就使特许经营权的价值打了折扣。

3. 成本控制

特许经营权可以为企业带来丰厚的回报，但企业形成的利润除了收入项目外，还有成本与支出项目。若企业内部成本控制做得不到位，仍有可能出现手握特许经营权却连年效益不佳的情况。

例如，云南白药（000538）是一家主要经营化学原料药、化学药制剂、中成药、中药材、生物制品的上市公司。该公司生产的云南白药系列产品，不仅在国内外市场享有广泛声誉，而且云南白药的配方更是受到国家绝对保护。在市场上很难找到云南白药的替代品，消费者对其价格的敏感度也不高。即使云南白药产品提价，消费者也会购买，这就使得云南白药具有特许经营权的典型特征。

从云南白药的财务报表可以看出，近年来该公司的净资产收益率均维持在20% 的水平，说明该股成长性良好。

云南白药的股价在其上市后一直呈震荡上升状态。股价每次创下一个新高，一段时间后都会有回调动作，如此往复。从 2014 年 7 月 14 日至 2018 年 5 月 8 日，该股股价由 45.20 元上涨到 111.01 元，增长了 2 倍多。在 A 股市场上，特许经营权主要表现为拥有高技术壁垒、垄断性优势以及强大的品牌优势等，如图 8.3 所示。

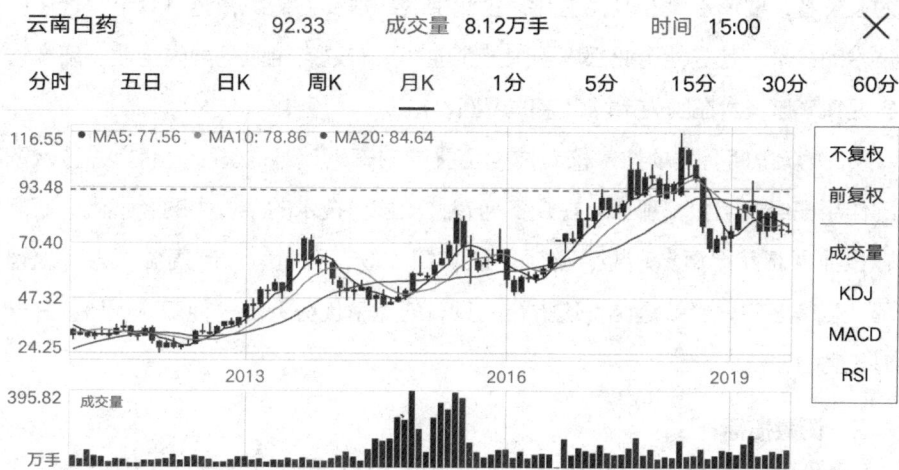

图 8.3　云南白药股价走势图

8.3　高技术壁垒

技术壁垒是指科学技术上的关卡，即指国家或地区政府对产品制订的（科学技术范畴内的）技术标准，如产品的规格、质量、技术指标等。

技术壁垒是以技术为支撑条件，即商品进口国在实施贸易进口管制时，通过颁布法律、法令、条例、规定、建立技术标准、认证制度、卫生检验检疫制度、检验程序以及包装、规格和标签标准等，提高对进口产品的技术要求，增加进口难度，最终达到保障国家安全、保护消费者利益和保持国际收支平衡的目的。

而拥有高技术壁垒的企业，是指通过掌握较为尖端的、其他企业没有掌握技术的企业。这些尖端技术是其他企业无法掌握或短期之内无法掌握的。

1. 主要类型

高技术壁垒的企业包括以下 3 种类型。

（1）独家掌握某种核心技术。企业掌握的技术是其他企业没有掌握，或者在短期内无法突破的技术，这类企业拥有最强的技术壁垒。在其他企业突这项技术前，拥有高科技壁垒的企业将会独享这类技术带来的巨大收益。

（2）拥有核心技术的几家企业中的一员。这类企业在 A 股市场上比较多，作为投资者，要识别该企业在这几家企业中的技术实力情况，竞争对手、客户应用技术的情况。若其他企业都属于国外企业，只有这家企业是国内企业，那么它很容易独享该技术在国内市场带来的超额收益。

（3）众多拥有某项技术核心技术企业中的一家。对这类企业而言，技术壁垒的作用已经不明显，那么它在众多拥有某项核心技术的企业中的经营优势不明显，企业要想获得更多利益，必须不断扩展市场，与竞争对手周旋，方可赢得市场，赢得客户。也就是说，这类企业具有的竞争优势只是一种相对优势，并非绝对优势。

2. 衡量指标

识别高技术壁垒，具体来说有 3 个衡量指标，如图 8.4 所示。

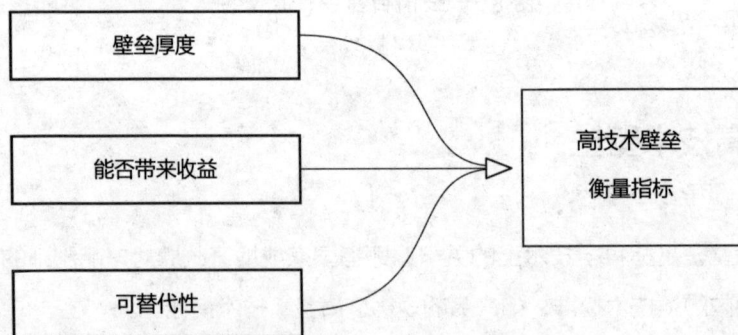

图 8.4　高技术壁垒衡量指标

（1）壁垒厚度。之所以称技术壁垒，是由于这一技术不容易被别人攻克，若其他企业很容易攻克这一技术，那么这个壁垒就没有太大意义。当然，这里还有一些专利和知识产权保护的因素。也就是说，在构建技术壁垒时，企业必须依托专利和知识产权保护来加厚壁垒。不过，专利和知识产权保护是有时间限制的，在分析投资标的的技术专利以及核心技术壁垒时，投资者需要重点考虑这些专利和知识产权发挥作用的时间。

（2）能否带来收益。并不是所有壁垒都能给其带来巨额利润，只有那些经济价值较高的技术壁垒，才能为企业赢得竞争，赢得利润。同时，投资者在选择成长股时，还要衡量这些技术壁垒带来的收益是当前的还是预期的。若是预期的，那么需要多长时间兑现。在一般情况下，只有短期内能够兑现才是真实的收益。

不过，在 A 股市场中，很多短线资金都热衷于炒作预期概念。在预期概念未兑现时，往往会被轮番炒作，股价暴涨；预期概念兑现时，投资者往往都立足于长线持股，投资者就要尽量避免落入短线炒作资金的圈套。

（3）可替代性。没有永远不过时的技术。第四次工业革命目前刚刚启动，许多行业可能面临革命性变革。很多在今天看来属于非常前端的技术，明天就有可能被淘汰。选择成长股时，投资者要考虑这些企业掌握的核心技术有无被替代的可能。

例如，万华化学（600309）是世界上掌握异氰酸酯（MDI）生产核心技术的 6 家企业之一，是国内唯一能生产 MDI 的企业。技术壁垒确立了公司在 MDI 市场上的垄断地位，国内市场占有率达 30%。近几年来，万华化学的净资产收益率平均值在 20% 上下，特别是 2017 年更是超过 50%，说明该公司经营状况良好。

自 2016 年 2 月 29 日至 2017 年 10 月 10 日，万华化学的股价从 7.93 元上涨到 42.18 元，增长了 5 倍多。

8.4 垄断的优势

垄断优势论是由美国麻省理工学院斯泰芬·海默于 1960 年率先提出，然后又为查尔斯·P. 金德尔伯格等人所扩充。其基本命题是：进行对外直接投资是因为该企业拥有垄断优势，海外子公司凭借这些优势可以抵消在异域他国经营所遭遇的种种不利因素，并胜过当地同类企业。

投资企业垄断优势有以下两类：

（1）知识资产优势。知识资产包括技术、组织管理技能、行销技能等一切无形资产在内。由于知识资产在一国使用后并不排斥在他国使用，利用这种优势生产和向市场提供差别产品。当地企业若要参与竞争，要么花费高昂的代价向外国投资者购买知识资产品，要么花费较长的时间去自行研究和培养，与外国投资者相比，显然处于不利地位。

（2）规模经济优势。实行横向一体化，企业就可以利用国际专业化生产来避免本国和东道国对规模经济的限制，有选择地利用各国的优势生产要素，控制价格，获得内部规模经济。实行纵向一体化，就可以获得外部规模经济优势，使外部利润转化为内部利润。垄断优势论是从垄断竞争着眼，在考察美国战后海外直接投资比例急剧上升、间接投资比例下降的基础上形成的，它突破了传统的国际资本流动理论，为西方将国际直接投资作为独立的研究领域而开了先河。

垄断性优势有时会与高技术堡垒、品牌优势重合，是一种绝对的竞争优势。若市场上只有一家企业能给消费者提供所需的商品，那么这家企业就拥有绝对的垄断性优势。

1. 主要类型

垄断性优势具有如下 3 个类型。

（1）作为市场上某种商品的唯一供应商，消费者并没有过多的选择。

（2）消费者愿意为其商品支付相应的价格。

（3）市场上没有较好的替代品。

具有垄断性优势的企业往往具有以上 3 个特征。这种垄断性优势体现在企业的财务报表上，即企业财务利润持续、稳定上升。当然，这类企业往会成为市场上各路资金的"宠儿"。

2. 衡量指标

总体情况下，垄断性优势都能给企业带来相当的超额利润。不过，并不是每个拥有垄断性优势的企业，其股价都会不断走高，投资者还要关注以下 3 个核心要点，如图 8.5 所示。

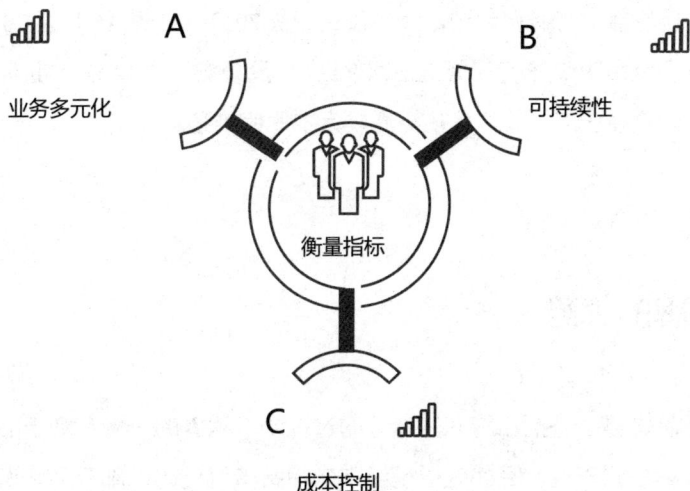

图 8.5 垄断优势衡量指标

（1）业务多元化。上市公司业务多元化是非常普遍的现象。在涉足其他领域时，垄断性企业往往不仅不会扩大战果，还可能让这部分新增业务蚕食垄断业务的利润。在分析具有垄断性优势的企业时，投资者要重点考察其垄断型业务在企业整个营收体系中所占的比重。

（2）可持续性。垄断优势持续的时间越长，企业收益越大。不过，从历史经验来看，一家企业拥有的垄断优势都会有时间限制，如某项技术被其他企业超越或出现替代品，就直接打破了垄断局面。

（3）成本控制。垄断优势可以为企业带来丰厚的回报，但企业利润的形成除了收入项目外，还要看成本与支出项目的情况。若企业内成本控制做得不到位，仍有可能出现手握垄断优势却连年效益不佳的情况。

例如，长春高新（000661）是一家以经营生物医药、健康产业为主，房地产开发为辅的公司。该公司的重组人生长激素系列产品占据很大的市场份额，特别是水针剂和长效生长激素直接垄断市场，生长激素产品的垄断性优势为该企业带来巨大的利润。

从长春高新的财务报表可以看出，近几年来，该公司的净资产收益率和营业收入增长率都维持在 20% 左右，说明该股成长性良好。

长春高新的股价在其上市后一直呈震荡上升状态。该股股价每次创下一个新高，一段时间后都会有回调动作，如此往复。从 2017 年 1 月 16 日至 2019 年 4 月 2 日，该股股价由 103.55 元上涨至 324.90 元，股价翻了 2.14 倍。由此可见，对投资者来说，选择一直成长股往往会有较为丰厚的回报。

8.5 品牌的优势

所谓品牌优势，是指品牌在其运营的过程中，积累的一切有利于品牌发展的物质和精神的整体表现。品牌定位是经常向消费者宣传的那部分品牌识别，目的是有效地建立品牌与竞争者的差异性，在消费者心智中占据一个与众不同的位置。

品牌优势是企业诸多优势中最重要的一种，强势品牌可以轻松占领消费者的心。当消费者购买商品时，这些强势品牌理所当然成为首选。例如，当消费者想购买高档白酒时，自然会想到茅台、五粮液，购买家用电器时会想到海尔、格力。若一家企业能在某细分领域建立强大的品牌优势，则会收获丰厚的超额利润。

1. 主要类型

拥有品牌优势的企业包括以下两类：

（1）通过历史传承获得的品牌。这类品牌的价值是难以估量的，因为它们都是经过历史检验的，这些品牌给企业带来的收益也是无法估算的，例如同仁堂、云南白药、贵州茅台等一些"中华老字号"品牌。

（2）通过自身建设发展起来的品牌。这类品牌是随着企业生产产品以及服务质量的提升，逐渐在消费者心目中建立起来的。当然，广告宣传也起到相当大的作用。例如，海尔的白色家电、格力的空调等。这种品牌优势一旦建立，很容易从众多竞争品牌中脱颖而出，成为消费者购物的首选。

2. 衡量指标

在通常情况下，品牌优势都能给企业带来相当大的利润。不过，利用品牌优势选择成长股时，投资者还要关注以下 3 个衡量指标，如图 8.6 所示。

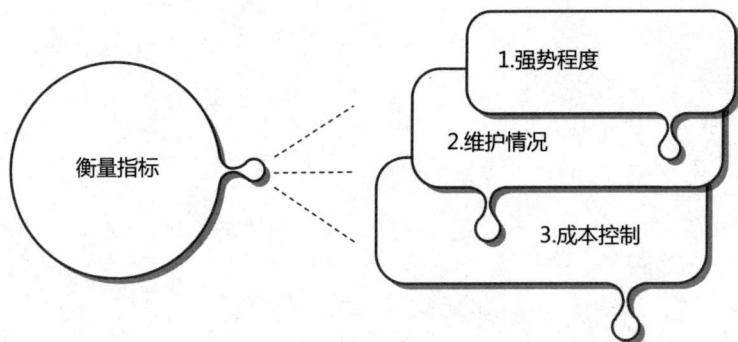

图 8.6　品牌优势衡量指标

（1）强势程度。只有品牌强势程度高，才能赢得更多的超额收益。几乎所有企业都有自己的品牌，而且有些企业的品牌确实存在较高的知名度和美誉度，但这与具有品牌优势的企业存在明显差别。具有品牌优势的企业，是可以单凭品牌赚钱的，也就是说，消费者一见到该品牌就会无条件接受。

（2）维护情况。具有品牌优势的企业，如同一个有良好信誉的人。个人的行为举止可能会使自己的信誉加分或减分，企业也一样。若企业对自己的品牌保护不力，甚至为了短期利益对品牌不加限制地滥用或授权其他组织使用，都可能削弱品牌的价值。也就是说，投资者在选择企业时，不仅要看其是否具有品牌优势，还要看其品牌的维护情况。

（3）成本控制。与具有其他优势的企业相同，具有品牌优势的企业也需要对成本进行控制，若企业内部成本控制做得不到位，仍有可能出现手握品牌优势却连年效益不好的情况。

例如，贵州茅台（600519）是一家主要经营贵州茅台酒系列产品的公司。该公司的贵州茅台酒系列产品在市场上享有很高的声誉，其生产的茅台酒属于世界三大名酒之一，拥有很高的品牌知名度和美誉度。该企业的产品属于稀缺型消费品，对下游经销商具有很强的议价能力，而且经常出现供不应求的情况。基于强大的品牌优势，该公司的经营效益极佳，净资产收益率连年走高，销售毛利率能够达到 90%。可以预见，未来该股仍具有较佳的成长性。

自 2014 年 1 月 8 日至 2019 年 4 月 25 日，贵州茅台的股价从 76.98 元上涨到 990.00 元，股价增长了近 12 倍。

第三部分
用成长超越市场

第9章

行业中的龙头企业

优质成长股都要符合这样一个特征：伴随着不断成长，公司集中度越来越高，竞争力越来越强，最后达到竞争垄断的目的。其最核心的衡量指标是定价权，在量价齐升的同时，伴随着成本降低，反映到财务指标上，毛利率在提升，净资产收益率也在提升。

全球经济形势正在不断发生变化。正如那些投资大师所言，只有那些内部控制能力、研发能力较强并具有"护城河"的企业，才能始终保持一定的盈利规模。

下面给投资者介绍几类企业龙头或行业标的，它们往往具有较佳的盈利能力并具备"规模正反馈"效应。

9.1 大众消费龙头企业

消费行业一直是产生超级成长股的温床，投资大师沃伦·巴菲特大部分的持股属于消费类行业，绝大部分收益也是通过长期持有消费类股票取得。另一位大师彼得·林奇曾经说过，你只要留意身边便利店摆放的名牌产品，就能找到好的投资标的。

随着我国工业化进程的加速，城镇化使农村人口转化为城镇人口，这种转化将农村的潜在消费需求释放出来。居民收入的快速增长，也为消费升级奠定了坚实的基础。中国消费仍处于低位，其实我们也意识到依赖出口和投资的发展模式难以持久，必须拉动内需，鼓励消费，提高消费产业在 GDP 增长中的作用。所有这些有利因素将对消费产生巨大推动力，基业长青的消费行业，在中国将迎来更加灿烂的明天。

消费行业包含的范围很广，凡是为了满足个人日常生活所需而购买、使用商品或接受服务的行为，都属于消费行业范畴。消费行业按大类包括耐用性消费品、非耐用性消费品、奢侈品、服务业等。连锁业态作为消费品的载体，将会是未来消费品流通的最重要发展方向之一。

综上所述，消费品领域孕育着无数的投资机会，很多巨无霸企业来自这一领域。在该领域中，竞争往往特别激烈，获利最为丰厚的往往是那些龙头企业。当然，若能在合适时机买入垄断公司的股票是最好的，若没有机会，购入一些龙头企业的股票也是不错的选择。

1. 主要特征

消费品龙头企业具有以下 4 个特征。

（1）企业的主要产品属于大众消费领域，都是大家日常所消费所需的，市场极为广阔，而且随着消费不断升级。

（2）企业未来的成长空间很大，这些龙头企业都是在激烈竞争中杀出重围的、通常比竞争对手更能敏锐地了解市场动向，具备更强的获利能力，这一点可以帮助它们在未来的竞争中再次获胜。

（3）资金周转速度快，是消费品领域的一个显著特征。企业新生产的产品可以很快到达终端消费者手中，资金就会随之回流到企业，这就保证了消费品领域的企业具有充足的现金流。

（4）单品利润低，总体利润高。在大众消费品领域，价格往往成为消费者购买决策的重要影响因素。身处大众消费品领域的企业，大都经历过较为惨烈的价格战，这使得单品利润处于较低水平，但由于市场广阔，总体销售量非常庞大，能够拉升企业的整体利润水平。

2. 衡量指标

消费品龙头企业往往能获得较为丰厚的利润，投资者需要关注以下 3 个衡量指标。

（1）企业营收回款情况。"不进则退"是消费品行业的生存法则。虽然龙头企业可能已经有了较大的消费规模，但如果其营业收入不能持续增长，则仍有被后起之秀反超的可能。要想生存，只能比别人发展更快。同时，现金流是一个企业的血液，若没有现金储备和稳定的现金流，企业就会存在失血的可能。投资者在分析这类企业时，需要重点关注营业收入增长率和现金流的情况。

（2）核心产品的竞争力。尽管大众消费品龙头企业生产的产品不止一类，但按照"二八法则"——一家企业 80% 的利润往往是由最核心的 20% 的产品贡献的。投资者在分析这类企业时，需要从该企业最核心的产品入手，分析此核心产品在市场上的竞争力情况，包括单品销售增长率、单品利润率以及竞争品销量等。

（3）内部成本控制水平。相比其他企业，消费品龙头企业其内部成本控制水平通常较高。身处一个单品利润率较低的行业，若不能很好地控制内部及自身成本，企业盈利就会变得异常困难。

例如，海天味业（603288）是一家调味品领域的龙头企业。目前，公司生产的调味品涵盖酱油、调味酱、蚝油、鸡精鸡粉、味精、调味品等多个系列，其中酱油、调味品是公司目前最主要的产品。"海天"品牌先后获评原国家工商行政管理局"驰名商标"、商务部"中华老字号"和"最具市场竞争力品牌"。

近几年以来，海天味业的净资产收益率和销售毛利率一直保持在较高水平。净资产收益率连年保持30%以上的增长速度，销售毛利率更是超过40%，说明该股具有极佳的成长性。自2016年12月26日至2019年5月31日，海天味业的股价由27.37元上涨到100.98元，增长了3倍多。

9.2 小市值大品牌企业

通常情况下，大品牌的公司往往对应着大规模。不过，也有一些规模相对较小的公司，手里却掌握着较为知名的大品牌。长期以来，这些公司专注于公司核心业务，并未积极向外拓展。如果用常规的分析方法，这类公司的营收增长率可能会弱于那些实施多元化战略的企业。其实，这类公司的发展更为稳健，较少犯重大经营错误。

1. 主要特征

小市值、大品牌企业具有以下3个主要特征：

（1）品牌历史悠久。拥有历史较为悠久的品牌，有些属于老字号品牌。这些企业从一开始就致力于自己的核心业务，也有可能是转型不利而不得不走自己熟悉的老路。总之，各种因素促成这类企业长期坚守自己的老品牌，从而在消费者心目中留下难以磨灭的印象。

（2）业务较为强势。在市场上，这些品牌对应的业务往往具备较强的竞争力，很难找到品质与其相当的竞争对手。

（3）单品利润较低。市场经济条件下，某类业务的利润较高时，竞争对手就会蜂拥而入。这些企业核心产品的单品利润往往并不诱人，所以很多竞争对手并未涉足其中。

2. 衡量指标

在通常情况下，这些大品牌都能给企业带来相当大的利润。不过，这类企业没能快速壮大，肯定会有深层次的原因，投资者需要关注以下三大核心指标，如图 9.1 所示。

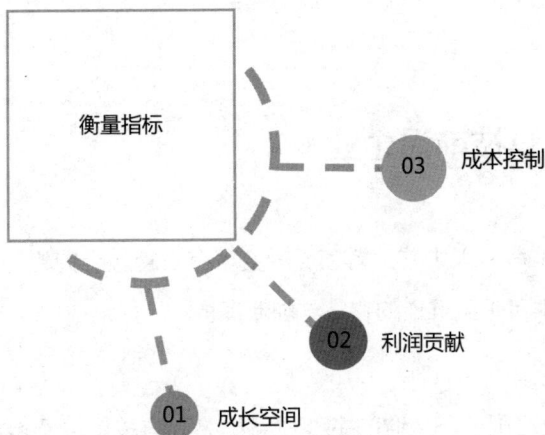

图 9.1　衡量小市值、大品牌企业核心指标

（1）成长空间。产品未来的成长空间决定企业有无投资价值。有些品牌对应的产品已开始逐渐被替代品取代，这些企业若不能为品牌重塑价值，那么肯定难逃被淘汰的命运。

（2）利润贡献。这是衡量企业核心产品竞争力的一个重要指标。若核心产品在企业总体营业收入和利润中占据较大比重，且有进一步扩大的趋势，说明企业专注核心产品的竞争力，企业未来有较大的上升空间和潜力。例如，A 股市场上的安琪酵母、马应龙等。

（3）成本控制。相比其他企业，拥有大品牌的企业更容易做大。有些企业在做大的过程中，因内部成本控制不善失去了做大的机会。在选择成长股时，投资者确实需要关注投资标的的各项费用支出情况，以便做出合理的判断。

例如，江中药业（600750）是江西省一家医药行业类公司，公司主营中成药、中药制剂、抗生素原料药、抗生素制剂等。公司以生产 OTC 类产品为主。主导产品有江中复方草珊瑚含片、江中健胃消食片、江中亮嗓等，市场竞争力极强，江中亮嗓曾荣膺"中国药品市场消费者喜爱的品牌"。

江中药业品牌知名度很高，但其企业规模并不大，不过，这并没有限制其成为同类竞品中的胜出者。近些年来，江中药业的净资产收益率一直保持在 15% 以上，且销售毛利率超过 80%，这足以说明该企业具有很强的盈利能力。自 2016 年 2 月 29 日至 2017 年 4 月 11 日，股价由 21.34 元上涨到 38.10 元，增长了近 1 倍。

9.3 国内高科技前沿企业

新一轮科技革命方兴未艾，各领域的变革有日趋融合的趋势，这为处于高科技前沿的企业提供了千载难逢的突破与创新良机。

1. 主要特征

（1）产品取得创新。企业的主要业务围绕高科技前沿领域展开，且能取得相当数量的专利或产品创新，若有突破性创新更好。

（2）位居三甲行列。在自身所处的高科技前沿领域中，企业已经赢得相当多的客户支持，在国内市场占有率至少属于三甲水平，若能实现相当程度的市场垄断更好。

（3）有稳定现金流。在财务方面，这些企业的科技业务已取得稳定的现金流，说明这类企业的科技产品具备获得现实利益的能力。

2. 衡量指标

科学技术是第一生产力。不过，在利用"高科技前沿"标准选择成长股时，作为投资者，还要注意以下 3 个衡量指标，如图 9.2 所示。

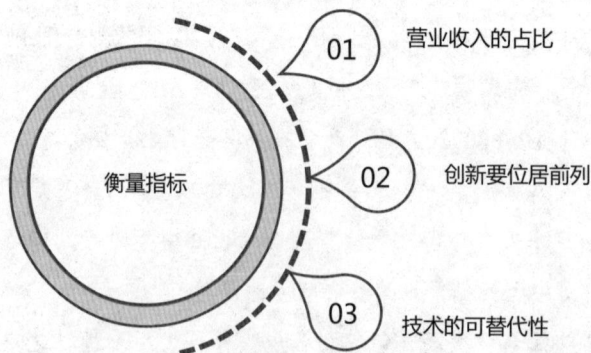

衡量指标

- 01 营业收入的占比
- 02 创新要位居前列
- 03 技术的可替代性

图 9.2　高科技前沿企业的衡量指标

（1）营业收入的占比。在股票分析软件的分类中，可能很多公司都会从属于某一高科技或科技前沿板块，但能真正利用该科技获利，或将该科技作为企业核心竞争力的企业，其实并不多。投资者需要根据企业的营业收入构成，仔细研判这些前沿科技给其带来的实际好处。

（2）创新要位居前列。特别是在与国际知名企业的竞争中，只有拥有创新基因的企业，才能赢得这场科技竞争。换句话说，投资者选择的高科技前沿企业，无论技术实力还是技术水平，必须在国内外同类企业中位居前列。

（3）技术的可替代性。没有永远不过时的技术。第四次工业革命目前刚启动，许多行业都面临革命性变革。很多今天看来属于非常前端的技术，明天就有可能被淘汰。选择成长股时，投资者千万要考虑这些企业掌握的核心技术有无被替代的可能。这些高科技前沿领域的企业，往往处在最有可能被颠覆的领域。

例如，大族激光（002008）是一家主要从事激光加工设备的研发以及 PCB、光伏、LED 封装等专用设备的研发、生产开发和销售的公司。该公司是中国激光装备行业的领军企业，也是目前亚洲最大、世界知名的激光加工生产厂商。该公司主导产品激光加工设备的核心技术是激光技术，被《国家中长期科学和技术发展规划纲要（2006—2020 年）》列为我国未来 15 年重点发展的前沿技术之一。

从大族激光的财务报告可以看出，过去几年，该公司的净资产收益率全在 15% 以上。鉴于该公司所处的高科技行业特征，可以预见，在未来数年内，该公司仍将保持较高的增长速度。自 2017 年 1 月 16 日至 2018 年 3 月 12 日，大族激光的股价由 20.80 元上涨到 60.45 元，股价增长了近 2 倍。

9.4 国内家用电器行业

家电行业既是过去 20 年中国"城镇化提速"的最大受益者，又是当前中国居民"消费升级"的最大承载者，未来有可能成为全球产业整合者。尽管家用电器普及程度越来越高，但由于我国人口众多，发展极不均衡，特别是随着产业技术升级，家用电器的更新频率将加速，这为家用电器提供了更为广阔的发展空间。

1. 行业特征

家电行业是中国少数几个拥有国际竞争力的行业之一，也是中国制造业的代表。21世纪以来，中国家电行业成长出多家优秀企业，格力、美的、海尔品牌享誉全球，产品远销世界各地。

（1）投资回报率高。过去10年，A股家用电器指数涨幅250%，稳居28个一级行业首位，个股如格力电器、青岛海尔涨幅均超10倍，为投资者带来了丰厚的回报。因此，家电行业历来受到机构投资者青睐。有数据显示，机构投资者对家电行业的持仓比例为8.26%，超配比例6.04%，两项指标均排在全部行业第三位。另外，统计长期业绩优秀的公募基金产品时也发现，家电行业多家公司出现在其重仓股中。家电行业的稳步增长，为投资者带来了较高的回报。

（2）发展空间广阔。根据工信部统计数据显示，2000—2017年，18年家电行业产值复合增速超过15%，远超GDP增长速度。庞大的产业空间吸纳了众多参与者，各类品牌层出不穷，使得产品技术能够长足进步。

但相比于发达国家，我国居民在百户保有量、家电品类等方面仍存在较大差距。根据长江证券统计，日本空调、彩电、洗衣机、冰箱产品百户保有量分别为300台、200台、150台、150台，国内对应产品的百户保有量为126台、130台、98台、98台，渗透率提升空间明显。另外，日本的空气净化器、吸尘器、洗碗机等小家电已经发展30年有余，国内相关产品才刚刚起步，处于普及的初级阶段。展望未来，中国城镇化仍在继续，人均消费支出持续提升，在消费升级的背景下，中国家电行业发展空间广阔。

（3）产业链十分完善。中国是全球最大的家电消费市场，生产企业众多，产业链完善。同时，中国拥有具有竞争力的工程师红利、拥有较为先进的生产线，因此中国家电企业在盈利能力、产品性价比上都具有较强的国际竞争力。这些条件促使中国家电企业在站稳国内市场之后，具备了一定国际化的能力。

总体来看，中国家电类上市公司过去10年在盈利能力、投资回报上均表现优异。中国的家电产业也得到了长足的进步，产品从款式古板、价格高昂的国外品牌主导，变为款式新颖、价格实惠的自有品牌主导，消费者得到了实惠。

展望未来，在行业红利逐步消退的情形下，中国家电行业发展应该立足精细化，更加关注消费者需求，合理利用新的渠道，生产出消费者满意的产品，提升国际竞争力。

（4）注重产品竞争力。产品竞争力不仅仅体现在技术领先、功能齐全上，更重要的是理解消费者需求，提供消费者满意的高性价比产品。现在我们所看到的海尔在冰箱品类上、格力在空调品类上产品竞争力遥遥领先，都得益于公司在满足消费者需求、解决用户痛点上所花的精力。

海尔针对用户需求，开发出无氟冰箱、无霜冰箱、保鲜冰箱等产品；格力为解决空调耗电量大的问题，推出变频节能、低噪声空调，这些产品大受市场欢迎，使得公司在竞争中脱颖而出，取得了相当的优势。

（5）注重渠道的变革。当今社会，我们感受最深的是互联网公司的崛起以及年轻消费群体生活方式的改变。共享经济、网上购物、移动支付等新的消费方式，带来了传统经销商渠道的压力，也使得开放企业重新获得竞争机会。

例如，奥克斯空调通过绑定京东，实现了销量从 700 万台到 1300 万台的巨大飞跃，市场占有率超越海尔上升到第三位；小米通过线上、线下的新零售模式以及设计优势，一跃成为中国小家电市场占有率第二的企业。这些现象都说明了积极拥抱新渠道的重要性。

（6）注重产品国际化。在国内竞争格局相对稳定，行业红利逐渐减弱的情形下，中国家电企业下一个重要的发展战略是国际化。从技术、制造、资金实力等各项指标来看，中国家电企业也基本具备了国际化的能力。我国空调、彩电、洗衣机、冰箱等产量占全球的比例分别为 95%、62%、42%、41%，微波炉、电风扇、面包机、烧水壶等小家电更是全球最重要生产基地，这些生产能力为国际化打下了良好基础。

近些年也有大量优质企业开始海外并购：海尔陆续并购日本三洋、新西兰 Fisher、美国 GEA；美的并购东芝白电业务；海信电器并购东芝黑电业务；三花并购德国亚维科。种种迹象表明，中国企业已经开启了国际化进程，但出口以代工为主、自有产品品牌力较弱等现状依旧存在。中国企业需要抓住海外发展机遇，整合好并购企业，推进自有品牌市场占有率，实现强有力的国际化。

综上所述，随着国内家电企业的快速崛起，外资品牌在技术和质量方面的优势已经不复存在。同时，国产家电企业的竞争日趋白热化，这些企业要想杀出重围，已经变得异常艰难。这些国内家电企业主要具有以下 3 个特点。

（1）产品趋于同质化。尽管大多数企业都标榜自己的产品与众不同，但不可否认，家电类产品同质化日趋严重。这种同质化带来两个直接后果：一是在消费者购买决策中，价格占据相当大的比重，这使家电企业的利润率逐渐走低；二是消费者的购买体验（包括售前和售后）成为购买的主要影响因素之一。

（2）规模效应成优势。由于家电产品的单品利润逐渐走低，家电企业不得不依托规模效应来提高整体利润水平。换句话说，迅速扩张的规模和营业收入增长率，是垄断家电企业成长性的重要指标。

（3）正向内涵式转变。由于竞争压力不断增加，家电企业开始由规模扩张的单纯外延式增长，转为以技术创新、服务创新为导向的内涵式发展。

2. 竞争优势

随着经济的发展，我国农村市场家电的普及程度还会提升，城市家电产品升级的需求。在可预见的未来，该行业内的企业仍有较大的发展，也会有很多成长型企业诞生。这些成长型企业往往具有以下 3 个特征，如图 9.3 所示。

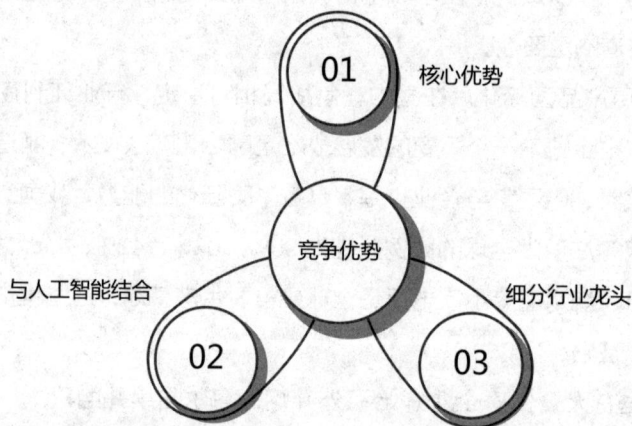

图 9.3 家用电器行业的竞争优势

（1）核心优势。只有核心优势明显的企业，才能在激烈的竞争中生存下来。成长型企业更是需要强大的核心优势，才能占据更广阔的市场并获取利润，比如海尔的售后服务优势，格力一直宣传的"掌握核心科技"，这些核心优势会帮助它们在竞争中取胜。

（2）与人工智能结合。与人工智能结合，将是家电企业在未来数年内发展的一个重要趋势。将家电产品与人工智能结合，会创造出更多的创新型产品，这些产品是后起家电企业争夺市场的重要武器。

（3）细分行业龙头。相比家电日趋激烈的市场竞争，小家电市场可能出现越来越多的行业龙头企业。

（4）垄断性企业。如同吉列对剃须刀市场的垄断一样，各种小家电领域可能会诞生越来越多的垄断性企业。例如，老板电器占据厨房电器市场相当的份额，九阳股份在豆浆机市场占据相当大的份额等。

总之，家用电器行业的成长股至少应具备以上优势中的一种，若能三者兼具会更好。

例如，老板电器（002508）作为厨房电器这一细分领域的龙头企业，拥有较高的品牌知名度和美誉度，特别在高端厨房电器领域占据较大优势，这使该企业能获得更多的超额收益。其业绩更是连续几年获得快速增长，说明该股成长性较好。自 2014 年 3 月 6 日至 2018 年 1 月 16 日，股价由 7.79 元上涨到 54.50 元，增长了近 6 倍。

9.5 国内医疗健康行业

医疗健康行业以其特殊性成为一个利润非常丰厚的行业。随着经济的不断发展，人们对健康的关注度越来越高，将使这个行业以更快的速度发展。目前，该行业聚集了一大批成长型企业，未来还会涌现出更多的成长股。

1. 行业特征

（1）属于防御型行业。从本质上来讲，医疗健康行业是与生命科学紧密相关的产业。因此，它不存在成熟期，是一个永远成长和发展的行业。在世界范围内，医疗健康行业的发展速度一般高于其他行业，而且较少受经济危机影响，在世界经济中占有重要位置。

从一个国家范围来看，由于医药产品具有较高的需求收入弹性（据测算，医疗保健产品的需求／收入弹性为 137%，即收入每提高 100 元，医疗消费水平要增长 137 元），因此，国家经济良好时，个人收入增长将拉动个人药品需求增加；但在相反情况下，由于药品的需求价格弹性较低，因此药品需求并不会有大幅度减少，这在国家经济不景气时表现得尤为明显。因此，医药行业上市公司的市场表现一般要优于其他行业。

（1）具有高技术性。从产业投资的角度来看，一是高新技术吸纳能力强：生命和健康是人类的第一需要，战胜疾病、维护生命和健康是人类孜孜以求的第一目标。人类社会不同时期的最新技术往往首先在军事和医药领域获得应用。因此，医药健康行业是科技含量最高的行业。二是科技成果产业化程度高。由于医药行业直接关系到人类的生命和健康，人类在这方面的要求越来越高，愿意花费更多的钱。与其他行业相比，医药行业的科技成果实现产业化比率较高。

（2）投入和风险并存。一是高投入性。医药行业的高投入性在新药上要比普药表现得更为明显。一般普药具有生产工序简单、投入低、产品科技含量低、市场需求量大的特点。而新药的开发和生产则需要大量投入，而且生产工序复杂，研制期长。通常开发一种新药平均需要耗资 2.5 亿美元，有的高达 10 亿美元，从筛选到投入临床需要 10 年的时间。二是高风险性。由于一种药品的畅销周期一般只有 3 ~ 5 年，而许多医药企业依赖于一、两种产品，其风险可想而知。即使是国际上一些大公司，其业绩也经常发生大幅波动。随着制药技术的不断升级，药品市场也不断更新换代、推陈出新，任何一种新药在市场上都随时存在被药效更佳、功能相似、价格相近的新药取代的风险。

（3）具有高收益性。医药行业的高投入、高技术含量的特点决定了其高附加值的特性。一种新药一旦研制成功并投入使用，尽管前期投入巨大，但产生的收益也是巨额的。据统计，一个成功的新药年销售额可以高达 10 亿 ~ 40 亿美元；世界排名前 10 位的医药企业利润率都在 30% 左右；专利产品在专利有效期内由于能垄断该产品市场，因此，在受益期内能获得巨额垄断利润。

（4）市场进入壁垒高。由于医药商品与人类的健康和安全紧密相关，因此，世界各国无一例外地对药品的生产、管理、销售、进口等均采取严格的法律加以规范和管理。未经等级规范论证的药品和企业很难进入药品市场。同时，制药行业高技术、高风险、高投入的技术资本密集型特征也加大了新企业进入的难度。

在我国的医药产业政策中，也对市场进入作出了若干规定，对某些医药的生产和经营设立了特许制度，如毒性药品、麻醉药品、精神药品、毒品前体、放射性药品、计划生育药品由国家统一定点、特许生产，并由国家特许定点依法经营；同时还规定，外资暂不能参与国内药品批发、零售业经营。

（6）市场集中程度高。从世界范围来看，医药行业是集中程度最高的行业之一，首先是医药企业管理极其严格，任何新药问世以前，必须经过长期、复杂的临床试验，被淘汰的可能性极大，因而新药的研制费用极高。国外研制一种新药一般要花费2亿～10亿美元，这是一般企业无法承担的，只有少数制药巨头才有能力组织医药的研究和开发，并因此在同行业竞争中取得优势和获取垄断利润。

综上所述，医疗健康行业的市场空间非常广阔，其行业内的优势企业大都能获得较为丰厚的超额利润，但不代表该行业内的所有企业都有较大的发展空间。总结起来，这些医疗健康行业的优势企业具有以下3个主要特点，如图9.4所示。

图 9.4 医疗健康企业的行业特征

（1）产品导向。除了几个产品线较多的大型企业外，更多的医疗健康行业企业是通过某类产品打开市场并确立优势地位的，例如我们熟知的云南白药、东阿阿胶以及片仔癀。由于这些主导产品在消费者心中占据较高的优势地位，使得其他企业的同类产品难以与之竞争。

（2）利润丰厚。医疗健康行业内的企业，一旦确立其核心竞争优势，其利润相当可观，可将50%作为医疗健康行业销售毛利率的基准线。例如，东阿阿胶的销售毛利率通常都会超过60%，个别年份甚至能超过70%。

（3）壁垒森严。尽管医疗健康行业的利润极为丰厚，却不是每个企业都能进入的。一般情况下，这个行业的优势企业要么具有得天独厚的传统秘方，要么具有较强的研发能力，获得了大量的产品专利，这些技术方面的壁垒保证企业可以获得源源不断的超额利润。

2. 竞争优势

人们对健康的需求没有止境，同样，医疗健康产业的成长空间也没有止境。未来，该领域内还将涌现出更多的成长型企业。这些成长型企业往往具有以下两个特征：

（1）品牌优势。在这一领域中，很多企业先天具有得天独厚的品牌优势，而且这种品牌优势未来会继续发挥作用，例如云南白药、东阿阿胶等。我国国内还有一些未上市的老字号、老品牌，投资者可保持对这些品牌的关注，也许下一个云南白药或东阿阿胶就在其中。

（2）专利优势。一般情况下，制药企业研发的新药都有较长时间的专利保护期。在专利保护期内，这些企业将独享该产品带来的收益，这为研发能力较强的企业提供了丰厚的获利空间。投资者可以关注抗癌药物、艾滋病疫苗以及治疗药物的研发，若某些企业取得突破性进展，可能会获得非常可观的收益。

医疗健康行业的成长股至少应具备以上优势中的一种。

例如，片仔癀（600436）拥有较为久远的品牌知名度和美誉度。由于其品牌影响力较强，因而其销售费用相对较低，议价能力和对上下游的控制力较强，其业绩更是连续多年取得较快增长，说明该股成长性较好。自 2014 年 6 月 5 日至 2019 年 4 月 10 日，该股股价由 18.59 元上涨到 124.05 元，增长了约 5.67 倍。

9.6 国内新兴材料行业

尖端设备的制造离不开特种材料。在我国制造体系中，新材料具有举足轻重的作用。未来，该行业可能会涌现出一些高速成长型企业。

1. 行业特征

我国新材料产业体系已经初步形成，发展形势良好。随着《"十三五"国家战略性新兴产业发展规划》和《新材料产业"十三五"发展规划》等国家层面战略规划的出台，为新材料产业的发展创造了良好的政策环境。

（1）产业规模快速增长。目前，我国新材料产业规模约 2 万亿元。新材料产业在金属材料、纺织材料、化工材料等传统领域基础较好，稀土功能材料、先进储能材料、光伏材料、有机硅、超硬材料、特种不锈钢、玻璃纤维及其复合材料等产能居世界前列。

（2）技术取得实质突破。通过产学研用结合，许多重要新材料技术指标大幅提升，研究成果得到推广应用。大直径硅材料在缺陷、几何参数、颗粒、杂质等控制技术方面不断完善，300mm 硅材料可满足 45nm 技术节点的集成电路要求，已成功拉制 450mm 硅单晶。

关键技术的不断突破和新材料品种的不断增加，使我国高端金属结构材料、新型无机非金属材料、高性能复合材料保障能力明显增强，先进高分子材料和特种金属功能材料自给水平逐步提高。

（3）区域集聚态势明显。积极推动新材料产业基地建设，加强资源整合，区域特色逐步显现，区域集聚态势明显，初步形成"东部沿海集聚，中西部特色发展"的空间格局。长三角已形成包括航空航天、新能源、电子信息、新型化工等领域的新材料产业集群。

珠三角新材料产业集中度高，已形成较为完整的产业链，在电子信息材料、改性工程塑料、陶瓷材料等领域具有较强优势。环渤海地区技术创新推动作用明显，在稀土功能材料、膜材料、硅材料、高技术陶瓷、磁性材料和特种纤维等多个领域均具有较大优势。

（4）支撑作用日益显现。新材料支撑重大应用示范工程的作用日益显现，为我国能源、资源环境、信息领域的发展提供了重要的技术支撑，是建设重大工程、巩固国防军工的重要保障。例如，以有色金属结构新材料、高温合金和碳纤维及其复合材料为代表的高性能结构材料，为高速铁路、大飞机、载人航天、探月工程、超高压电力输送、深海油气开发等重大工程的顺利实施做出了重要贡献。

综上所述，新材料的市场空间非常广阔，其行业内的优势企业大都能获得丰厚的超额利润，但不代表该行业的所有企业都会有较大的市场空间。这些优势企业具有以下两个主要特点，如图 9.5 所示。

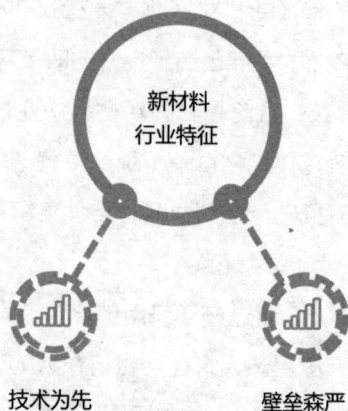

图 9.5　新材料行业特征

（1）技术为先。新兴材料行业包括特种金属功能材料、高性能结构材料、功能性高分子材料、特种无机非金属材料和先进复合材料等领域。这些领域具有很强的技术导向性，一家企业要想在这些领域取得成果并获得现实收益，需要突破关键技术。也就是说，技术实力与成果是衡量这个领域企业成长性的重要指标。

（2）壁垒森严。尽管新材料行业利润极为丰厚，却不是每个企业都能进入的，目前该领域内仍有很多新材料研发与应用技术尚未攻克。后起的成长型企业，若能在新材料产业有所突破，就会形成一个天然的竞争壁垒，使自己的企业获得更多超额利润。

2. 竞争优势

新材料领域具有很大的发展空间，需要大量的成长型企业来填补。这个领域的成长型企业往往具有以下 3 个特征。

（1）技术优势。只有核心技术优势明显的企业，才能在激烈的竞争中生存下来，这一显著特征将在新材料领域获得更多验证。核心技术，是成长型企业在新材料与域取得竞争优势的关键。率先突破核心技术的成长型企业，将会获得先人一步的发展机会。

（2）专利优势。一般情况下，研发的新材料都有较长时间的专利保护期。在专利保护期内，这些企业将独享该产品带来的收益，这就为研发能力很强的企业提供了丰厚的获利空间。未来若某些企业取得突破性进展，很可能会获得非常可观的收益。

（3）细分行业龙头。率先获得技术突破的成长型企业，很可能会成为细分板块的龙头。无一例外，这些龙头企业都会获得更多超额利润。新材料领域将会出现很多细分领域的龙头企业，这些企业是投资者需要重点关注的投资标的。

例如，方大炭素（600516）作为石墨烯概念细分领域的新材料龙头企业，拥有较高的美誉度，其拥有较为丰富的石墨烯矿资源。近一些年来，由于新材料行业受到市场前所未有的重视，特别是石墨烯材料研发被提升至较高的地位，这极大地促进了企业经营效益的提高。

近年来，该企业的业绩取得较快增长，股价也随之水涨船高。2017 年 1 月 16 日，该股股价在 8.35 元低位（复权后），借助市场上炒作石墨烯概念的热潮，一度于 2017 年 9 月 12 日到达 39.20 元的位置，股价增长了近 4 倍。

第 10 章

交易策略

在一般情况下，通过投资成长股，作为投资者大都会获得几倍以上的超额利润，这并不是说只要买入成长股就等于进了盈利"保险箱"。投资股票一定要讲究交易策略，投资成长股也不例外。

10.1 买入策略

沃伦·巴菲特曾说过，"在别人贪婪时恐惧，在别人恐惧时贪婪。"这句话用在交易成长股再恰当不过了。沃伦·巴菲特2004年说的这句话，已成为风靡中国的投资格言。不过，尽管中国的广大股民对这句格言津津乐道，但是很少有人凭借它真正在股市上赚到钱。作为投资者，还是要根据实际情况，做好自己的买入策略，如图 10.1 所示。

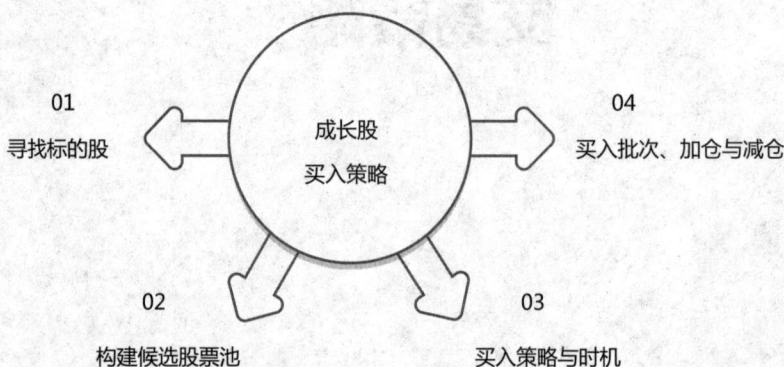

图 10.1　成长股买入策略

投资者在股价大幅下跌过程中逐步减仓，在股价大幅拉升过程中逐渐减仓，确实是一个不错的交易策略。

在一波行情中，从股价的最高点画一根竖线，竖线的左侧为股价的上升段，只在竖线的左侧进行买卖股票。而且只看 5 日均线的走势，只要 5 日均线向上，就买入股票（当然也还要做一些其他方面的分析）；5 日均线走平或出现拐点，就卖出股票。实际上就是只买上涨的股票，不买下跌的股票；不参加回调，当然也不参加盘整。必定是多赚少赔。

价值投资中，成功的重要因素是在何时进场，也就是时间要素第一。而在股价上升通道中，不存在低吸高抛的操作法，也就是说，还是底部形成后进场是稳妥的。在一个熊市的初级阶段，普通人根本无法判断这个熊市到底是"迷你熊"（指数下跌 20%）、"一般熊"（指数下跌 30%）、"大熊市"（指数下跌 40%）或"爆熊股灾"（指数下跌超过 50%）。

在下跌阶段买入，是不可能先知先觉知道底部在哪里的。如果猜错，指数继续下跌，那么本金就会继续缩水。假设买进的仓位被套牢了 5% ~ 10%，而这时候底部的确形成了，开始翻转上升，则也要等指数涨 6% ~ 12% 才能回本。就是说，赚钱也得等弥补前期的亏损才行。

不过，作为投资者，买入成长股并不是找到一只大幅下跌并股价便宜的股票建仓那么简单，而需要寻找标的股、构建候选股票池、买入策略与时机的选择以及交易频次控制来实现买入策略的。

10.2 寻找标的股

在 A 股市场上，可能有些成长股在财务指标、竞争优势、管理团队以及具有高成长性等 4 个方面表现得都非常优秀，如图 10.2 所示。但在某项方面存在不足。存在不足的成长股或许会让投资者产生一些疑虑，怀疑这些股票能否作为操作目标。

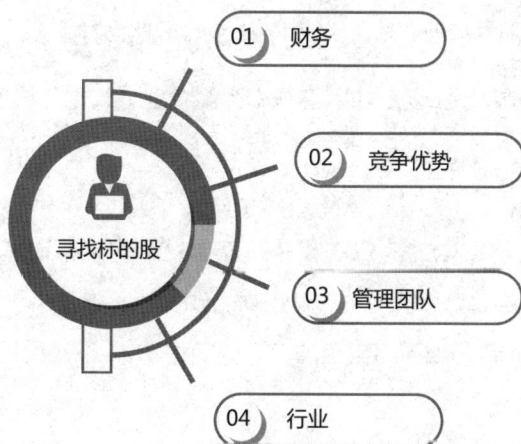

图 10.2　寻找标的股的四个视角

另外，4 个方面表现俱佳的成长股，其股价早就被市场炒上了天，这些股票并不一定具备投资价值。恰恰是那些存在不足的成长股，可能拥有更好的成长空间。毕竟事物是运动发展的，作为投资者，需要用发展的思维来看待这些股票。

其实，无论你从 4 个方面还是从其他更多层面去分析投资标的，最终目的只有一个，就是找到目标股票的核心优势，判断这些优势能持续多久，能为企业带来多大的实质性利益。从这个角度来说，若一家企业在某一层面的优势表现得特别明显，且能为企业带来可观的收益，那么这样的企业的股票就可以作为候选投资标的股票。当然，其他方面也不能表现太差劲了。

10.2.1 财务视角

借助财务层面找到财务指标持续向好的企业，是投资者追求的目标。投资某家企业就是为了获得投资收益，若这家企业财务指标表现不好，股价趋势必然向下，这与投资者追求的目标背道而驰。

在财务层面所列的诸多指标中，投资者可以根据个人偏好和投资习惯，有策略地选择几项作为核心研判指标。在选择这些指标时，需关注以下 5 个问题。

1. 行业不同，财务指标反映的内容有所不同

比如市盈率指标，在中小企业中，市盈率高说明企业的成长性已经被市场接受，是一种被认可的表现。因此，中小企业的市盈率普遍较高是一种正常现象；而在钢铁和银行业中，低市盈率则是正常现象，如果市盈率过高，则存在被高估的风险。投资者要根据行业不同，来分析财务指标背后的意义。

2. 用净资产收益率和营业收入增长率衡量企业成长性

在净资产收益率方面，一家企业若被认为属于高成长企业，那么至少应在 5 年或以上时间，其净资产收益率平均值应达到 15% 以上。也就是说，允许企业在某一年度或两个年度内的净资产收益率低于这个水平，但其平均数值应高于 15%，只有这样才能说明一家企业具有较高的成长性。毕竟企业从银行获得贷款，年利率已接近 5%，若不能利用自己的净资产获得 15% 以上的回报，经营企业的意义就不大了。

在营业收入增长率方面，需要考虑企业的规模和行业因素。规模较小的营业收入增长率达到 30% 以上甚至 100% 都不困难，但对规模较大的企业来说，20%

就是一个较大的挑战。

3. 理性看待公司财务亏损

很多投资者见不得企业亏损，一旦某家企业提亏损，就会避之唯恐不及。其实，投资者持续跟踪一家公司就会发现，很多高科技成长型公司起步初期都可能出现过亏损。对于亏损的企业，需要关注以下 3 个方面的内容。

首先，该企业的市场占有率如何。若具有较高的市场占有率，则这部分市场占有率迟早会转化为利润。

其次，该企业的产品或服务优势如何。若相对竞争对手具有明显优势，则未来发展无忧。

最后，该企业所处的发展阶段如何。若处于投入期，那么企业进入收获期时利润自然会上升。一些以技术研发为导向的企业，在重要产品的研发投入期，投入的资金较大，回收的利润较少，这是一种非常正常的现象。一家企业的研发投入占比很高，从另一层面来观察，该企业未来可能拥有更加广阔的发展空间。

4. 重视财务指标的质量

亮丽的财务指标固然值得追捧，健康的财务指标才是投资者要追求的。为了将财务报表做得更加漂亮，有的企业不惜变卖企业资产，以透支未来粉饰财务报表。市场上，一些前一年度亏损或有融资需求的企业，经常会出现净利润暴涨的情形，净利润增长 500% 甚至更多。不过，扣除非经常性损益后，净利润增长情况就不那么乐观了。

5. 各项财务指标之间要保持平衡

企业的财务指标应该是一个整体，企业利润增加时，其他财务指标也会同步表现，如营业收入增长、费用增加等。若个别财务指标出现反向运动，投资者需要详细探究其背后的因。例如，某家企业营业收入增加 200%，销售费用不仅没有增长，反而下降，那么就要探究这些数字背后的问题。

总之，投资者要借助各项财务指标，找到那些财务方面表现较好的企业，至少要超过行业的平均水平。在此基础上，建立一个候选股票池（例如在股票分析软件中设置一个自选板块等），以便进一步筛选。

10.2.2 企业视角

找到拥有独一无二的竞争优势的企业，是投资者最主要的目标。在分析和判断企业竞争优势时，需要关注以下 4 个细节问题。

1. 须带来现实竞争优势利益

A 股市场上，大部分企业都会宣称自己拥有独一无二的竞争优势，或宣称自己拥有某项其他企业不具备的技术、工艺或产品配方等。在这些独一无二的优势中，有些或许能为企业带来一定的效益，但在企业整个营业收入构成中占比极小，且在未来不会有显著增长，那么这种所谓的竞争优势意义不大。

2. 企业业务形式越简单越好

俗话说："一招鲜，吃遍天。"在企业经营领域，这句话同样适用。越是看起来简单的业务形式，越不容易被竞争对手超越，越容易保持竞争优势。比如一些上市高速公路公司，业务模式非常简单，就是收费和维护高速公路。这种看似简单的业务因其垄断经营的特殊性，难以被模仿，这就使得这些高速公路企业拥有明显的竞争优势。当然，也有一些高速公路企业因其自身经营问题，不能盈利，这一点需要投资者根据个案深入分析。

3. 更加倾向于成熟业务模式

成熟稳定的且能获利的业务模式，对投资者而言是最安全的，毕竟这种业务模式的有效性已在市场竞争中得到证明。当然，并不是投资者不应考虑那些新兴的业务模式，但普通投资者毕竟不是风投机构，没有可以对冲风险的高获利品种，因而最好选择那些成熟的业务模式。

4. 计算竞争优势能持续多久

市场总是处于不断变化之中，今天的竞争优势很可能会成为企业明天发展的"绊脚石"。评估一家企业时，需要站在未来的角度分析其竞争优势的可持续性。比如一些以核心技术为依托的企业，在未来极有可能被淘汰。因为不能及时完成对技术的更新换代，曾经风光无限的诺基亚、波导等手机品牌，现在很难觅其踪迹。

10.2.3　管理团队视角

企业终究是靠人、靠管理团队来管理的。在评估一家企业的竞争优势时，投资者须将管理团队的因素考虑在内。尽管不要求每家企业的管理团队都是业内顶尖的，但至少不应成为企业发展的"短板"。

分析目标企业管理团队时，投资者需要注意以下 4 点细节问题。

1．重实效而轻名誉

对上市公司的老总来说，接受媒体采访，宣传企业产品及理念是其重要职责。评估他们的管理水平，投资者不应过分看重其曝光度，而应根据其管理企业的经营成果进行评估。

2．需要经过市场检验

市场上有很多已在竞争中证明自身管理能力的团队，投资者在选择投资标的时，需要考虑这支管理团队的历史成绩，然后根据其各方面的表现预判未来的管理水平。

3．逐步推断管理能力

对投资者来说，深度了解标的企业的管理团队有些困难，特别是资金量不大的投资者。不过，投资者仍然可以借助上市公司发布的公告以及其他信息了解整个管理团队。例如，有很多成长性企业的管理团队成员，总会不停地增持自家企业的股份，并且很少减持，说明整个管理团队对企业发展充满信心；反之，在股价暴跌后象征性地增持少量股份，其实这种增持更多的是做给投资者看的，并非对企业发展具有足够的信心。

4．对待经营失败态度

投资或经营失误不可避免，但不同企业的管理团队对这些失误采取的态度是截然不同的。有的企业总是试图遮掩错误，有的拒绝承认失误，还有的总是寻找其他借口和理由。总之，一个企业的管理团队若不能正视自身失误，也就难以改正错误，未来再犯错误的概率很高。投资者应远离这类团队管理的企业。对上市公司管理团队的分析，投资者要以其经营能力为核心进行研判，避免被其他与经营企业无关的因素干扰。

10.2.4 行业视角

高成长性的企业大部分来自高成长性的行业。从这一点来说，在具有发展潜力的行业中选择合适的股票就是一种聪明的做法。分析投资标的所处的行业时，投资者应该注意以下两个细节问题。

1. 不能过分崇拜潜力行业

同样的行业既有经营好坏的差异，也有领导企业与追随企业的区别。投资者不能简单地认为身处具有潜力行业的企业一定具有巨大的发展潜力。企业所处的行业，只能为其未来的发展提供一定的外围环境。企业获得利润，归根结底要靠企业自己的努力经营管理。

事实上，很多优秀的企业并非来自具有发展潜力的行业，它们可能来自传统的金融服务业或餐饮旅游业，甚至传统的能源行业。由于这些企业的经营管理团队总能做出正确的决策，因而企业发展一直处于较高水平。

2. 要警惕被潜力行业忽悠

很多上市公司擅长借势炒作，当自己的企业与某一热门题材相近时，便千方百计向其靠拢，努力将自己包装成该板块的龙头股票或热门股票。当然，市场资金的推波助澜也有一定作用。这时，投资者必须仔细分析这些企业的业务收入构成和研发投入，只有这些企业切实拿出"真金白银"去参与研发，并且取得实际利益，才能认定其属于具有发展潜力的行业。

10.3 构建股票池

投资者不能仅凭感觉选股，要借助寻找目标股的方法全面甄选、过滤市场上的股票，并建立候选股票池。构建股票池是一件非常辛苦的差事，却是投资者盈利的保障。

10.3.1 具体步骤

构建股票池的过程包括以下 5 个步骤，如图 10.3 所示。

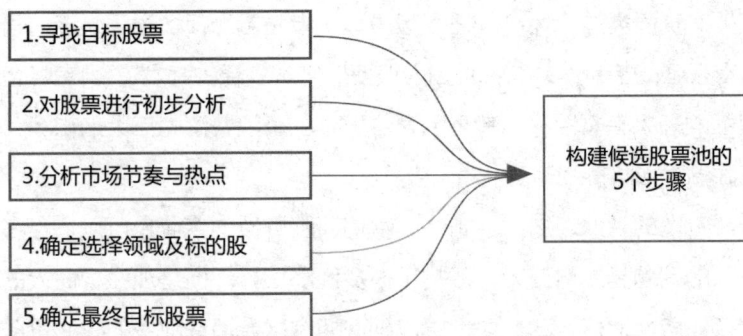

图 10.3　构建候选股票池的 5 个步骤

（1）寻找符合条件的目标股票。投资者可以按照已经讲述的选取股票的方法，先将市场上符合条件的股票加入候选购票池。

（2）对候选股票池中的股票进行初步分析。投资者需要确认的信息包括：当前股价属于低估还是高估；当前股价所处运行趋势为上升下降还是横盘；股票所处行业领域或板块。

（3）分析、预判当前市场节奏与热点。在分析投资热点时，投资者要分析市场当前以及未来一段时间内的热点，而不是那些短暂的热点和品种。

（4）确定重点选择领域及目标股票。选择投资领域后，投资者需要根据目标领域筛选 1 ~ 3 只目标候选股票。

（5）根据个股表现及投资价值，评估、确定最终的目标股票，投资者开始择机执行买入操作。

投资者可以根据实际情况的变化，每隔一段时间调整股票池内的股票。

10.3.2　具体方法

投资者怎样建立自己的股票池？

投资者都有自己的股票池，有做长线交易品种的股票池，也有做中线波段的股票池。总体来说，不同的交易风格，决定了所选股票的性质和交易的时机。

1.　看板块

对于具有垄断性质的公司需要慎重考虑，没有永远的垄断性，而垄断本身也容易滋生腐败和落后，不利于企业长期发展。即垄断也是投机性的，不要因为某些国有企业在机场、港口等地方具有垄断优势，就大量屯仓。

对于矿产资源类的企业可以适当考虑。一者是因为很多资源是不可再生的，本身就具有很强的垄断性；二者是因为很多矿产类资源的开发需要特殊经营牌照，又具有很强的开采垄断性；三者是因为中国是一个消费潜力巨大的市场，对能源和矿产资源的需求将持续增高。

对于消费类的生产、加工、制造、营销、服务性的企业也可以适当考虑。以前中国最大的问题是人口庞大，影响了很多经济指标。但是现在，庞大的人口却使中国诸多消费性指标一跃位居世界前列。拥有巨大消费前景的企业可以考虑，但必须同时考虑其竞争性和利润率。

此外，对那些行业领域特别，未来市场前景较好，公司专注主营业务，创新能力和研发能力较强，产品或技术在局部市场有垄断优势，市场份额逐年递增，不易受经济周期影响，股本数量比较少，公司知名度尚不高，股价偏低的公司，也值得适当考虑。

2. 看题材

很多时候，题材也可以被分成题材板块，但只有具有中长期效益的题材股才值得重点关注。凡是能被市场利用并促进股价上涨的因素，都可以称为题材。因此，应关注历史性事件、政策变化、利率变化、物价变化、技术创新、新生事物、突发事件、业绩年报等消息，但只有大背景、大题材、资金介入程度深的个股，才容易产生大行情。

3. 看股质

在结合板块选择的基础上，可通过如下7种方式挑选个股：

一是当季度每股收益比上一年同期至少应该上涨20%（要删除一次性收益和基数太低的暴涨），同时，当季度销售收入应该至少增加20%，或最近3个季度的销量增长率在加速。

二是每股收益年度增长率在过去3年内应保持显著而稳定的增长，复合增长率应至少为20%，同时资产净值回报率保持在15%以上。

三是公司的资产负债率比较低，或在过去几年正逐渐减少。

四是公司管理层要比较精明而稳定，产品的市场占有率比较高；或新产品和服务具有一定的市场前景，从而使公司销售额和收益有持续增长的稳定性基础。

五是公司最近 5 年没有什么负面消息，尤其是财务数据不能做假。

六是最好所选股票有机构投资者的身影，但是要避免过多机构投资者扎堆的现象，同时要注意机构投资者的数量应该是在增加而不是减少；或者公司管理层有回购的动作。

七是一旦筛选出公司股票后，就要尽量多查看与这家公司有关的所有新闻信息，同时对每一个公司的关键变量作详细的比较和分析。

4．看股本

按照资金量的大小，选择流通盘适中的股票（必须注意熊市的流通性都会变差）。

一是 5000 万元流通股的股票，一般易于 500 万元资金的进出。

二是 1 亿 ~ 5 亿元流通股的股票，一般易于 1 000 万 ~ 5 000 万元资金的进出。

三是 10 亿元流通股的股票，一般易于 1 亿元资金的进出。

5．看价格

高价股的上升空间有限，且因为估值过高而有风险，但因为优质而稳定，所以可以少量候选；低价股则可能本身就存在诸多问题，市场不信任它，但因为价格低而将来易于翻倍，所以可以少量候选；应集中选择中等价格、市盈率适中、股性较活、价值被低估的股票品种。但投资者需要注意，在不同的市场，高、中、低价格的股票是会整体发生上移或下移的。

6．看股性

看个股历史最高、最低价区间，最近趋势波的最高、最低价区间，上涨和下跌的频率，每一次上涨波的幅度、每一次下跌波的幅度，单日最大涨、跌幅度，当前趋势相对于上一波幅的涨跌幅度以及同其他个股的活跃性对比情况。总体而言，职业交易者做的就是活跃性强、流通盘适中的股票。

7．看技术

挑选那些比大盘趋势更强势的股票，只要个股相对强度指标连续一周比大盘差，那么投资者就可以剔除该股票。但要注意，与投资者打交道的是个股而不是大盘，大盘只能用来参考，而不能用来决定个股的命运。同时投资者也要注意，板块强弱比大盘强弱更适合于判断个股的涨跌动向。

8. 看主力

投资者要注意以下 4 个细节问题：

一是目标股被机构投资者持有的增减情况；

二是十大流通股的增减状况；

三是看目标股的涨跌异动公告，分析机构席位和游资营业部的动向；

四是分析主力持仓成本的转换情况。

9. 看股权

投资者还要注意以下 4 个细节问题：

一是看股权结构状态，高管持股有无增减变化；

二是看有无新增股、转赠股、限售股上市；

三是看有无 B 股或 H 股及其动态；

四是看总股本是否全部转为流通股。

总之，以上股票池的筛选方式可作为中、长线投资予以参考。也可将这个股票池里的股票分为三类：主要类为有主力机构参与的高成长性股票，次要类为有主力机构参与的新兴行业股票和次新股股票，最后为有主力机构参与的重组类股票和冷门股。其候选比例可为 6 ： 2 ： 2。当然，对于不喜欢筛选股票的投资者而言，也可以一年瞄准几个重大重点题材股来操作。这样的股票炒作时间长，跟风强，成交量大，股性活跃。

10.4 买入策略与时机

如果投资者利用上述的方法找到候选的目标股票（可以是 1 只，也可以是多只），接下来需要确定买入成长股的策略，如图 10.4 所示。

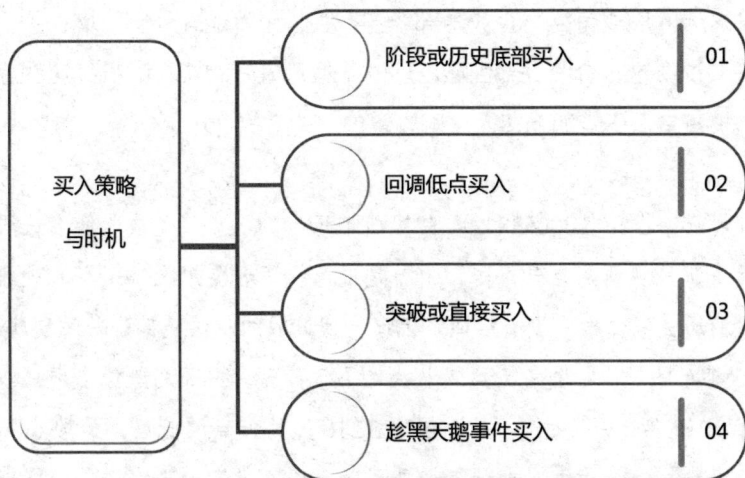

图 10.4　买入策略与时机的四种方法

10.4.1　阶段或历史底部买入

在阶段或历史底部买入成长股，是一种最安全、最稳妥的方式。当然对大多数投资者来说，等待股价出现阶段或历史底部，是一个非常难熬的过程。另外，每个人对底部的认识也不相同。投资者在阶段或历史底部买入股票肯定是要做长期持股的打算，毕竟等待底部出现并不容易，一旦出现底部，其获利预期肯定很高。

寻找阶段或历史底部的方法主要包括以下两个阶段。

1.　绝对历史底部

成长股的绝对历史底部是可遇不可求的，其股价大部分时间处于上升态势。除非遇到历史性暴跌行情或黑天鹅事件，否则，投资者很难抓到成长股的历史底部。

投资者可对照股票的日 K 线走势图，如果股价的新近低点已经跌破历史最低点，那么这个低点就有成为新历史低点的可能。当然，股市中没有绝对的最低点，股价创下新低后，有继续创新低的可能。在股价创下历史新低反弹时，投资者可以开始第一次建仓。其后，若股价再创新低后反弹，可第二次建仓。

2.　阶段底部

在正常的涨跌波动过程中，股价会在某阶段出现一个比较显著的底部区域。

这些底部区域的形成可能与企业内部经营有关，也可能与外围环境相关。总之，对成长股来说，这些阶段底部区域出现时，就是最好的买入时机。这些底部区域形成后，投资者可逐步建仓买入这些股票。

例如，云南白药（000538）作为 A 股市场上的一只典型成长股，该股的股价自上市后一直呈现震荡上升态势。也就是说，投资者要想在低位买入该股，那么寻找该股的历史底部根本没有可能，因而寻找该股的阶段底部是一种现实选择。

2015 年年底时段，随着大盘走势大幅下挫，云南白药的股价出现一波下跌行情。到了 2016 年 2 月 19 日，股价创下 52.10 元的低点，此后，该股小幅上升后横向震荡盘整。这个横盘时期就是最佳买入时机，投资者可在股价触底小幅回升后第一次建仓。该股经过一段时间的震荡盘整，重新启动快速上升。2016 年 7 月 6 日，该股股价启动上升，投资者可加仓买入该股。其后，该股出现一波快速上升走势。

在股价触底过程中，可能会形成比较经典的底部形态，如"V"形底、双底、头肩底、三重底等。投资者可密切关注股价在底部的运行态势，一旦股价走出底部形态（如向上突破底部形态的颈线位置），则可执行买入或加仓操作。

10.4.2　回调低点买入

股价出现回调时是投资者买入成长股的最佳时机。由于股票本身质地优良，所以投资者不必担忧中途被套牢。即便如此，还是要选择一个好的入场点，尽量避免入场就亏损的局面。

寻找回调低点的方法主要包括以下两个内容。

1. 股价遇中长期均线支撑

在震荡上升过程中，成长股会随大盘的走低出现回调。当出现规模较大的调整时，就是投资者最佳的入场时机。当然，并不是股价下跌，投资者就应立即入场，而是要等到股价回调至某条均线（通常为中长期均线，如 30 日均线、60 日均线等）位置后，因受均线支撑重新上升时买入。

2. 回调至前期高点位置

与其他类型的股票相同，在创下一个阶段高点后，成长股的股价会有相应的套牢盘。股价回调整理重新突破该高点后，这些套牢盘将被全部消化，该前期高点位将由阻力位变为支撑位。当股价再度出现回调时，这些前期点的位置将会成为股价的一个重要支撑位。股价在此位置受到支撑重新上攻时就是投资者入市的良机。

例如，2016 年下半年，格力电器（000651）的股价出现波快速拉升走势。2016 年 12 月 1 日，在创下阶段高点后，该股股价开始回调整理。此后，该股重新恢复震荡上升走势。

2017 年 3 月 24 日，股价突破前期高点后出现回调整理。当回调至前期高点位置时，股价因受到支撑重新上攻，此时投资者可进行建仓。此后经过几个交易日的上涨，该股于 4 月 26 日再度出现创出新高后的回调整理。5 月 9 日，股价触及前期高点位置后重新上攻，此时投资者可进行加仓。此后，该股重新开启上升走势，如图 10.5 所示。

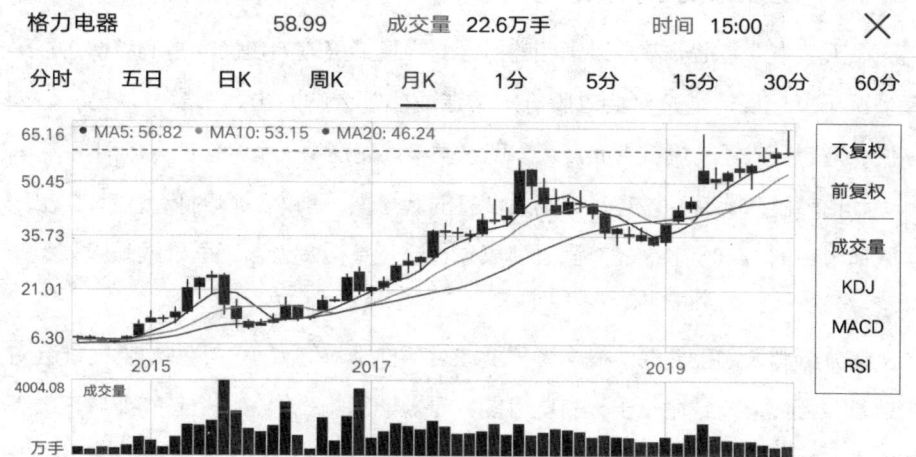

图 10.5　格力电器股价走势图

10.4.3 上涨时直接买入

投资者都想在低点时买入成长股，但成长股似乎很难出现实质性低点或阶段大底。正因为如此，很多投资者更倾向于在股价上攻过程中直接买入。

当然，直接买入要承担相当大的风险，投资者在买入时需要注意以下两点。

1. 分析股票的投资价值

尽管股票处于上升行情中，但若是股价仍低于股票的内在价值，购买这样的股票更接近于价值投资，因而投资者可以放心买入。当然，评估股票的内在价值，不仅要计算股票的净资产、每股收益，还要综合考虑股票的成长性、竞争优势以及商誉等。

2. 分析技术层面的买入信号

为了获得最好的入场时机，投资者最好从技术层面分析合理的入场时机。比如，股价突破某一重要阻力位（包抵前期高点、整数关口、密集成交区等）。当股价突破这些区域后，继续上升的概率就会增大；反之，则可能出现震荡调整走势。

10.4.4 趁黑天鹅事件买入

黑天鹅事件是指非常难以预测的且会对市场造成较大负面冲击的事情。在一般情况下，出现这类事件会对股价走势造成非常大的冲击。不过，从另一方面来说，对想要入场的投资者而言，出现这类事件无疑是一个绝佳的入场时机。

沃伦·巴菲特曾经说过："别人贪婪时我恐惧，别人恐惧时我贪婪。"出现黑天鹅事件时，市场上往往充满恐惧气氛，这正是投资者入手廉价成长股的绝佳时机。

在分析黑天鹅事件时，投资者需要注意事件影响的大小。有些事件可能会对企业甚至行业造成致命一击，有些可能只是短期影响股价。投资者需要对这类事件的影响程度有所预判，只有受事件短期影响的那些企业股票才是最佳投资标的。

例如，2008 年发生了影响整个乳制品行业的三聚氰胺事件，问题最严重的三鹿集团直接以破产形式退出历史舞台，蒙牛、伊利也深受该事件影响。虽然伊利股份属于 A 股市场的绩优股兼成长股，当三聚氰胺事件发生后股价也连续出现了暴跌走势。

2008 年下半年，伊利股份（600887）的股价随大盘出现震荡下跌走势。2008 年 9 月中旬，三聚氰胺事件爆发。由于伊利股份的产品被检测出含有三聚氰胺，因而股价被连续大幅向下打压。到了 10 月 28 日，该股股价相比 9 月中旬下跌了一半多，可见这个事件给股价带来的影响之大。

不过，对于想要入场建仓该股的投资者来说，三聚氰胺事件是一个再好不过的机会，投资者可考虑在 2008 年 10 月 28 日股价企稳后逐渐建仓该股。随后，该股很快从三聚氰胺事件的阴影中走了出来，并重新开启一波快速上升行情。

10.5 买入批次、加仓与减仓

凡事预则立，不预则废。成长性的股票交易也是如此。买入股票前，投资者需要对股票的买入方式、加仓、减仓等行为进行详细谋划。

10.5.1 分批次买入策略

在没有较大把握或资金不够充裕的情况下购买股票时最好不要一次买进股票，而是分两三次买进股票。这不但可以分散风险，而且还能获得相应的投资报酬。具体的操作方法可分为两种，如图 10.6 所示。

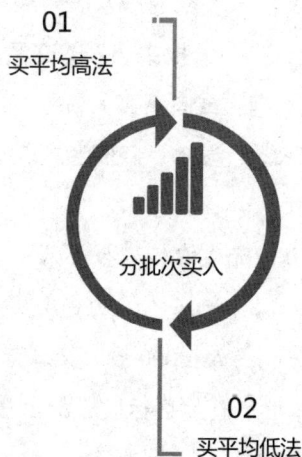

图 10.6 分批次买入法的分类

（1）买平均高法：即在第一次买入股票后，待股价升到一定价位再买入第二批股票，等股价再上升一定幅度后买入第三批股票，这就是买平均高法。

例如，在某只股票股价为 20 元的时候第一批买进 1 000 股，股价涨到 22 元时第二批买入 800 股，涨到 25 元时第三批买入 600 股，三次买入的股票平均成本为：

$(20 \times 1\,000 + 22 \times 800 + 25 \times 600) / (1\,000 + 800 + 600) = 2\,191$ 元

当股价超过这个平均成本时，投资者即可抛出获利。

（2）买平均低法：也叫向下摊平法，即在第一次买入股票后，待股价下降到一定价位再买入第二批股票，等股价再次下降一定幅度后买入第三批股票（甚至更多批）。买平均低法只有等股价回升并超过分批买入的平均成本后，投资者才能获利。

全仓进出是股票交易的最大禁忌。然而，买卖股票时，很多投资者确实会犯这个错误。买入股票时，往往信心百倍，全仓买入。一旦股价没有按照预想的轨迹前进，又会全仓卖出。首先要明确，投资成长股是一个漫长的过程，少则几个月多则几年。正因如此投资成长股首先要学会分批次买入和卖出。

分批次买入时，投资者需要注意以下两点：

（1）批次量要适中。如果准备买入单只股票的资金量较少，那么 2 ~ 3 个批次即可。如果资金量较多，可以分成 3 ~ 5 个批次。

（2）向上买入或者向下买入。交易成长股对股票标的要求较为严格，因而也是所有交易方法中唯一允许向下分批次买入的交易方法。也就是说，投资者可以根据股票的运行态势分批次向上或向下买入。

至于向上买入和向下买入孰优孰劣，我们通过以下案例来对比分析。

例如，假如你准备用 10 万元左右的资金买入一只股票，那么向上买入的操作方法应该是这样的：第一步，用 1/5 左右的资金买入第一批。假如目标股股价现在是 10 元，你需要用 2 万元买入 2 000 股。第二步，如果你的判断没错，股价开始上涨，就可以买入第二批。假如目标股股价上涨到 11 元，你可以再次买入

2 000 股或 3 000 股。第三步，如果股价继续上涨，你可以买入第三批。第四步，股价再次上涨，超过第三批买入价后，可以将剩余的资金全部买入该股。

向下买入的方法，虽然表面上来看成本价越来越低，但亏损的额度并没有减少，反而扩大了。不过，若股价能启动反弹，则亏损额度很快就能弥补。

在一般情况下，投资者不宜向下加仓买入，毕竟日常的交易是以右侧交易为主，股价下跌说明判断失误，再加仓等于错上加错。不过，若投资者交易的是成长股，那就另当别论了。成长股交易偏重左侧交易，即只要股价具备投资价值就可以买入。假如相信未来数月或数年内股价能上升至较高水平，那么就不必计较眼前是否亏损。买入股票后，如股价继续走低，则说明市场给了加仓机会，投资者应该继续加仓。

10.5.2 减仓策略

与加仓的情况相似，减仓也分为向上减仓和向下减仓两种类型，如图 10.7 所示。

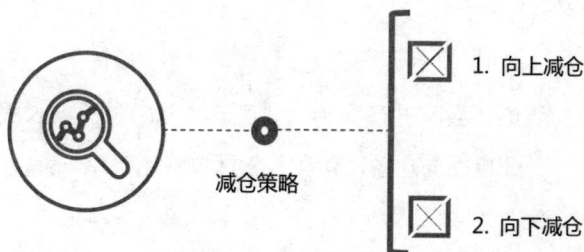

减仓策略

1. 向上减仓

2. 向下减仓

图 10.7　减仓策略的分类

1. 向上减仓

向上减仓包括主动减仓和被动减仓两种情况。

一是主动减仓。股价上涨到一定幅度后，开始出现调整或筑顶迹象时，考虑进行减仓操作；二是被动减仓。股价上涨到预先设定的止盈位时，若投资者认为股价上涨空间，可酌量进行减仓操作。

从目前的操盘实战来看，止盈位的设置要比止损位宽泛一些。不过，既然股价到达预先设定的止盈位，还是应该部分减仓，可以养成遵守操盘纪律的习惯。

在成长股交易过程中，股价上升较大幅度后，为了尽可能多地盈利落袋为安，投资者可以考虑适当减仓，但最好在股价回调至阶段低点时再及时补仓。毕竟股市中优质股票极为稀少，投资者一定要珍惜介入的机会。

2. 向下减仓

向下减仓也包括主动减仓和被动减仓两种情况：

一是主动减仓。买入股票后，股价并未按照预定方向上涨，但也未到达止损位，不过投资者对其走势非常担忧，这时可适当减仓。在交易成长股的过程中，除非个股质地发生变化（如财务作假或由于选股错误），否则不宜减仓。

二是被动减仓。一般情况下，股价下跌到预先设定的止损位时，投资者不愿止损卖出股票，此时应尽可能地强迫执行止损计划。如不能做到彻底清仓，至少要减仓一半。不过，在交易成长股时，若个股发生黑天鹅事件，或大盘明确开启下跌行情，投资者应先部分减仓，待股价企稳后再补仓。

10.6 卖出策略

股市中有一句俗语，会买的是徒弟，会卖的才是师父。成长股的卖出策略包括两个方面的内容，即止损与止盈设置和头部区域卖出策略。

10.6.1 止损与止盈设置

基于中长线交易的特点，投资者可能会对股价波动有一定的心理准备。但谁都清楚，若股价出现暴跌行情，就有必要进行止损。股价暴涨之后，必然出现回调，那么也要考虑止盈，如图 10.8 所示。总之，成长股交易也要设置比较具体的止损位和止盈位，或建立动态仓位调整系统。

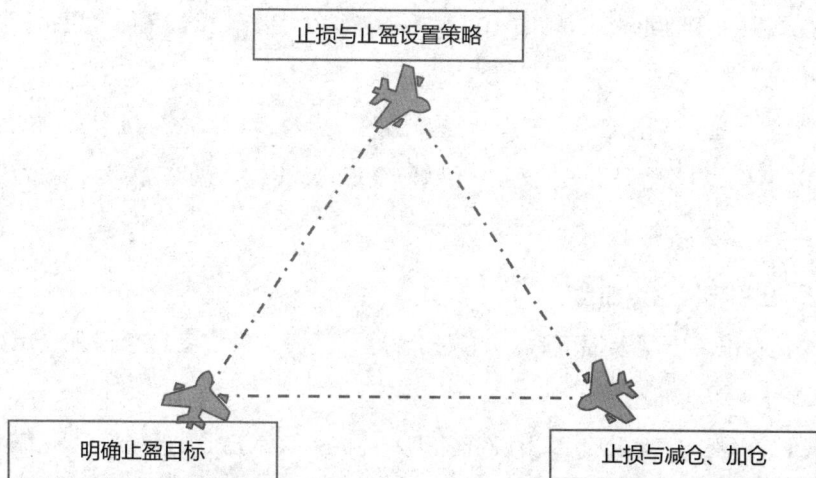

图 10.8　止损与止盈设置策略

1. 明确止盈目标

原则上不应对上行趋势中的股票设置严格的止盈位置，毕竟股价没有最高，只有更高。但是成长股交易的基础是股票本身的内在价值，且股价严重脱离股票的内在价值，投资者就应考虑执行卖出操作。

例如，预测某只股票未来 3 年的每股盈利分别为 1 元、2 元、3 元，考虑股票所处的行业特征，允许股票市盈率达到 30 倍，那么就意味着预测股价的目标价位应在 90 元以内。此时，若股票随大盘上攻出现暴涨，且已突破 100 元的位置，这时投资者就应考虑卖出止盈。

当然，预测股票未来盈利数值不是普通投资者擅长的，可以考虑参考其他投资机构发布的投研报告。目前很多股票分析软件都提供投资研报分析数据服务。

通过点击股票分析软件个股走势图页面下方的"个股研报"选项，投资者即可查看个股的投资研报。如在贵州茅台的走势图下为，多家投资机构都给出该股未来 3 年的收益预测，有的机构还给出具体的预测目标价位。这些数据都可作为投资者判断股票目标盈利位的参考。

当然，卖出止盈还应注意以下两个细节问题。

（1）止盈位的选择。一是不能卖出正在快速上涨的股票。二是若目标价位在上涨过程中出现回调，且跌破 10 日均线或者 20 均线，投资者可考虑执行卖出操作。

（2）止盈方式的选择。选择止盈卖出时，投资者可考虑分批次卖中如股价跌破 10 日均线时执行第一次卖出，跌破 20 日均线时执行第二次卖出，跌破 30 日均线时直接予以清仓。

2. 止损与减仓、加仓

成长股也会出现大幅下跌，如果出现这种情况，投资者应考虑加仓或减少止损。

（1）个股业绩原因下跌。投资者买入并持有某家企业的股票后，这家企业的经营情况出现恶化，盈利能力持续走低，股价随之大幅下跌。此时，投资者必须重新审视先前的投资选择，对企业进行深入研究。若发现该企业很难恢复到买入前预期的经营与盈利水平，可考虑卖出止损。卖出股票时，投资者可参考股价的 20 日均线或 30 日均线。一旦股价跌破这些中期均线，投资者可考虑止损或逐步减仓操作。

（2）非个股原因的下跌。有时企业业绩明明很好，但受累于大盘暴跌或外部市场环境发生变化，使得投资者因恐惧而纷纷卖出股票，导致股价持续走低。其实，对于想要长期持有该股的投资者而言，这时恰恰是一个加仓的好机会。股价越是走低，投资者越应加仓买入这些股票。毕竟市场上绩优成长股很少，这种股价低的成长股更少。

例如，在 2015 年年底，随着大盘暴跌，云南白药（000538）的股价同步大幅下行，从 2015 年 12 月 21 日至 2016 年 2 月 29 日．该股股价从 79.95 元下跌至 52.10 元，跌幅超过 30%。云南白药这只股票的基本面良好，而且拥有独家垄断性的药物配方，这可以保证该公司未来的成长性。此时该股股价随大盘暴跌，这为投资者提供了一个较佳的买入机会。

10.6.2　头部卖出的策略

原则上，成长股交易的投资者应避免短线操作。不过，若个股股价头部来临，暂时性地回避和减仓是很有必要的。

头部卖出策略的分析方法包括如下 3 种，如图 10.9 所示。

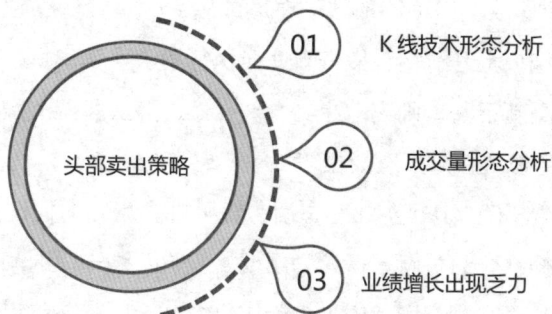

图 10.9　头部卖出策略的 3 种分析方法

1. K 线技术形态分析

一般情况下，大家习惯将 K 线技术形态分析方法应用于短线交易。很多时候，成长股交易者借助这种方法来判断股价头部也是不错的选择。股价形成头部后，往往都会出现一些回调或下跌走势。若能回避这些回调或下跌，将会大大提升股票交易的收益水平。

最经典、最常见的 K 线头部形态有头肩顶、三重顶、双重顶以及"V"形顶等。

例如，格力电器（000651）这只股票是高成长性品种。站在更长的时间角度来看，该股股价的运行趋势总是呈现震荡上行走势。但是，它也会出现阶段性高点与头部，特别是大盘出现暴跌走势时。

2015 年 4 月底，随着大盘暴涨，格力电器的股价出现加速触顶迹象。2015 年 5 月至 6 月初，股价一直在高位震荡，并形成头肩顶形态。出现该形态，往往意味着股价将会走出一波幅度较大的下跌行情。2015 年 7 月 3 日，股价向下跌破头肩顶形态的颈线位，这属于典型的卖出信号，投资者可考虑卖出部分股票。

其后经过几个交易日的下跌，该股出现回调走势。当股价回调至颈线位时，受颈线位的阻力重新下跌。此时，投资者可再度执行卖出操作。

接着该股启动一波幅度非常大的下跌行情，在此期间，股价跌幅超过 55%。与其他股票不同，格力电器这只高成长性股票具备较佳的成长空间，而在股价下跌至低位时，投资者可重新补仓买回股票。

利用 K 线顶部形态卖出股票时，投资者需要注意以下两点。

（1）在双重顶或头肩顶等顶部形态形成后，一旦股价跌破顶部的颈线位，则意味着股价将结束上升行情，投资者适合执行第一次卖出操作。其后，若股价反弹遇颈线阻力重新下跌，则应考虑清仓。当然，有些股票的股价并没有这一反弹环节，但这并不影响头部形态成立。

（2）一般情况下，出现头部形态后，股价都会下跌一段时间。作为成长股交易者，这时选择补仓时机就显得尤为重要。股价下跌一段时间后，若投资者仍然无法判断底部是否来临，可考虑先少量试探性补仓，待股价笑破明显阻力位后再执行加仓操作。

2. 成交量形态分析

股价涨跌多是由资金推动的，量增价涨是一种比较健康的量价形态。不过，当股价突破前期高点再创新高时，若成交量没有同步创出新高，则意味着股价与成交量出现背离，未来股价触顶回落的概率很大。见到此类量价形态时，投资者可考虑适当进行减仓操作，待股价回落段时间后再重新补仓。

例如，苏泊尔（002032）是一家主要从事厨房炊具和厨卫小家电、大家电、健康家电研发、制造和销售的企业，其主要产品有电锅、套装锅和炒锅等。该公司是中国较大的炊具研发制造商，是国内炊具行业第一家上市公司。近些年来，其净资产收益率都在 20% 以上，属于典型的高成长性股票。对于要操作成长股的投资者来说，苏泊尔是一只比较理想的投资标的。

2016 年年中时，苏泊尔的股价出现波快速上升走势。股价创下第一个阶段高点后回调，其后经过几个交易日的调整，该股重新发动上攻走势，并于 2016 年 7 月 29 日创下一个新的高点，且该价位远远高于 2016 年 4 月 22 目的高点。观察两个高点的成交量可知，2016 年 7 月 29 日高点附近的成交量低于 4 月 22 日高点附近的成交量，说明股价与成交量出现顶背离形态，未来股价走低的概率很大。

在股价跌破 10 日均线时，投资者可卖出部分股票，待股价跌破 30 日均线时执行第二次减仓。其后，当股价重新回到 10 日均线上方时，再补仓买入。

利用量价背离形态卖出股票时，投资者需要注意以下三点细节问题。

（1）股价每次形成高点时，成交量并不一定会在当日出现此波段的最高值，成交量最高值和股价高点可能在同一天，也可能会相隔 1 ～ 2 天，这并不能影响量价背离形态的判断。苏泊尔的股价在 2016 年 4 月 22 日出现最高价，而成交量则在 2016 年 4 月 25 日才出现最高值。

（2）量价出现背离形态后，股价并不一定会下跌，投资者可以在股价跌破某些时候再执行操作。有时候主力掌握大量筹码后，向上拉升股价时，成交量也可能出现萎缩的状况，当然这种价涨量缩的走势肯定是无法持续的。

（3）在一般情况下，出现量价背离形态后，股价下跌时都会有一波股票抛售狂潮，这时往往是投资者买入低价成长股的良机。

3. 业绩增长出现乏力

即使是绩优成长股，也可能出现业绩增长乏力的情况。当然，这种增长乏力可能是暂时的，也可能是长期的。投资者习惯将净资产收益 15% 看成一个比较标准的数值。也就是说，只有那些近年来净资产收益率均值超过 15%，才能看成比较理想的成长股标的。反之，若先前的成长股连续 3 年净资产收益率低于 10%，则要重新考虑其是否还具备较佳的成长性。

例如，全聚德（002186）主营业务为餐饮服务及食品加工销售业务，主要提供以"全聚德"品牌高档烤鸭系列菜为主的餐饮服务。该公司上市后，业绩和股价均有不错的表现，但自 2015 年以来，净资产收益率跌破 15% 的限额。

自 2015 年开始，全聚德的净资产收益率指标连续 3 年低于 10%，此时投资者需要重新研判该股还能否保持强劲的增长势头。若该股票无法恢复以前的获利能力，投资者适合执行卖出操作。

自 2015 年年中起，全聚德的股价随大盘暴跌后，经过波震荡整理重新开始上升走势。不过，从 2015 年开始（2016 年 3 月公布 2015 年年报），该股的盈利能力有所减弱，因而股价走势也要弱于其他成长股。到了 2017 年 3 月（2016 年年报公布时间），该股的盈利能力进一步弱化，投资者对该股未来走势开始失望，于是股价开始大幅下跌。从 2017 年 3 月 23 日开始，该股股价连续跌破多条均线，投资者应尽早清仓该股。

10.7 成长股投资的陷阱

常见的消费股，一般 PE 在 15 ~ 20 倍；周期股，一般 PE 在 8 ~ 10 倍；成长股的 PE 一般在 30 倍以上。

为什么有这么大的差别？因为消费股具有弱周期特性，也就是常说的防御性和业绩稳定性，因此往往是熊市热捧的品种，但是业绩弹性不大；而周期股具有强周期性，业绩弹性极大，但是高度依赖经济周期。

真正意义上的成长股，则是同时具备这两种特性的稀缺品种，高成长性导致它既能在经济下行周期依然有高速的业绩增长，上行周期则更能爆发潜力。

正是这两种特性的叠加，才能给成长股一个 30 倍以上的高昂估值。

成长股投资，往往不是想象中那么简单，也绝非每个人都有幸成为"风口"上的"猪"。想成为"风口上的猪"，首先要能找对"风口"，能够预测新技术的走向、具备预判企业能否成功的商业眼光以及预知未来行业格局的远见卓识。如果没有多年的细分行业研究经验和专业水准，作为一般投资者会很容易陷入成长股的各种投资陷阱。

一般来说，成长股投资者最常遇到以下投资陷阱，见表 10.1。

表 10.1　成长股投资陷阱

序号	类型	成长股投资陷阱特点
1	过高的估值	高估值股票业绩不达预期的比例远高于低估值股票。一旦预期不能实现，估值和盈利预期的双杀往往会十分惨烈
2	技术路径错误	技术之争往往是你死我活、赢家通吃，一旦落败，可能之前的投入就全打了水漂，这是最残酷的成长陷阱
3	利润增长不可持续	很多行业客户在不同平台基本没有转换成本，黏性也差，这种无利润的增长模式是不可持续的
4	盲目多元化	为了达到市场预期的高增长目标，有些成长性企业往往会快速扩张，随随便便进入一个自己不熟悉的领域，陷入盲目多元化
5	新产品风险	成长股要成长，就必须不断推陈出新，然而新产品的投入成本是巨大的，收益是不确定的，开发出新产品却可能不被市场认可

序号	类型	成长股投资陷阱特点
6	"依赖大客户式"增长	这类"依赖大客户式"的增长不具备可持续性，因为其命脉掌握在行业"大客户"手中，企业自身没有核心竞争力和定价权，一旦失去合作，就可能陷入尴尬的困境
7	现金流断裂	增长得越快，现金流的窟窿就越大，极端情况甚至会导致资金链断裂，引发成长性破产
8	成长天花板	对行业的成长空间把握不当、对渗透率和饱和度跟踪不紧，这时就容易陷入成长陷阱而支付高估值
9	竞争失利	招来太多竞争对手，蜂拥而入的新进入者使创新者刚刚开始享受成功就必须面对无尽的跟风和山寨
10	成长股不等同于科技股	把成长股投资等同于科技股投资，这是一个非常巧妙的偷换概念，一些业绩无法兑现的公司却用成长股投资的概念为其套上一层光环

1. 过高的估值

成长股最常见的投资陷阱是估值过高——高估值的背后是高预期。对未来预期过高是人的本性，然而期望越高，失望越大。有统计数据表明，高估值股票业绩不达预期的比例远远高于低估值股票。一旦预期不能实现，估值和盈利预期的双杀往往会十分惨烈。

2. 技术路径错误

成长股一般处于新兴行业，这些行业（比如太阳能电池、汽车电池）常有不同的技术路径之争。即使业内的行业专家有时也很难预知哪一种标准会最终胜出。而且这种技术之争往往是你死我活、赢家通吃，一旦落败，可能之前的投入就全打了水漂。这就是最残酷的成长投资陷阱。

3. 利润增长不可持续

当下互联网创业风潮正劲，很多创业期的公司都疯狂采用了烧钱模式以吸引流量、招揽客户。但烧钱模式并非"万金油"，不能适用于一切公司。比如一些行业用户转化成本和黏度都很高，前期烧钱聚集用户，这自然是高明战术。但对于很多行业客户在不同平台基本没有转换成本，黏性也差，这种无利润的增长模式是不可持续的。

4. 盲目多元化

为了达到市场预期的高增长目标，有些成长性企业往往会快速扩张，什么赚钱做什么，随随便便进入一个自己不熟悉的领域，陷入盲目多元化。所以一定要警惕那些主业不清晰，为了短期业绩而偏离长期目标的公司。当然互补多元化（例如长江实业以及和记黄埔）和相关多元化（横向完善产品线和纵向产业链整合）的公司另当别论。

5. 新产品风险

成长股要成长，就必须不断推陈出新，然而新产品的投入成本是巨大的，收益却是不确定的。就算强大的美国可口可乐公司在新品上开发上也曾栽过大跟头，稳健的消费股尚且如此，科技股和医药股在新品上吃过的苦头就更不胜枚举了。最为悲哀的就是费了"九牛二虎之力"开发出的新产品却不被市场认可。

6. "依赖大客户式"增长

有些成长型企业快速增长全靠"依赖大客户式"，例如有的是为苹果间接提供零部件，有的是为中国移动提供服务，这类增长不具备可持续性，因为其命脉掌握在"大客户"手中，企业自身没有核心竞争力和定价权，一旦失去合作意愿，就可能陷入尴尬的困境。当然，那些在自己的领域内达到寡头垄断地位，具备核心竞争力和议价权的另当别论。

7. 现金链断裂

成长性的企业，快速扩张时在固定资产、人员、存货、广告等多方面需要巨大的现金投入，因此现金流常常为负。增长得越快，现金流的窟窿就越大，极端情况甚至会导致资金链断裂，引发成长性破产。例如拿地过多的开发商和扩张过快的直营店（特别是未上市的公司）。

8. 成长天花板

许多所谓的成长性企业其实已经过了成长的黄金时期，却依然享受高估值，因为人们往往犯了过度外推的错误，误以为过去的高成长在未来仍可延续。因此投资时，对行业的成长空间把握不当，对渗透率和饱和度跟踪不紧，这时就容易陷入成长陷阱而支付高估值。

9. 竞争失利

要区分清楚两种行业，一种是有门槛、有先发优势的，这种企业的成功会引致更大的成功；另一种是没有门槛的，后浪总把前浪拍死在沙滩上，成功招致的不是更成功，而是更多竞争。

在后一种行业里，成功企业遭受失败的原因往往就是太成功了，树大招风，招来太多竞争对手。蜂拥而入的新进入者使创新者刚刚开始享受成功就必须面对无尽的跟风和山寨。例如团购，由于门槛低，稍有一两家成功，一年之内中国就有 3 000 家团购网站出现，结果谁也赚不到钱。

10. 科技股不等同于成长股

从美国等发达市场的成熟经验来看，科技和医药里出成长股的概率明显更高。

但是回想一下中国 A 股，常常把成长股投资等同于科技股投资，这是一个非常巧妙的概念互换，明明是炒一些业绩无法兑现的公司，却用成长股投资这种其实对业绩兑现要求极高的概念套上一层光环。

科技股就是成长股吗？不是，创业板已经充分证明，科创板也会证明这一点。

总之，各类成长股陷阱的共性就是成长的不可持续性，短期内的快速成长不能称之为成长股，投资者在选择成长股时需要辨别"成长是否具有持续性"，以免掉入成长股投资陷阱中。

10.8 实战分析

成长股的价值，往往不取决于今年，也不是明年，而是更长期的业绩。如果我们单看亚马逊上市最初几年的业绩，这可能是一个很糟糕的投资标的，因为一开始没有什么盈利。但放到现在来看，亚马逊无疑是一家伟大的企业，也给投资人带来了丰厚的回报。

所以，成长股资产的发展周期可能是很长的，可能来自很长期的回报。但是对投资者来说，能获得的一致预期往往只有今年，明年和后年。下面我们以汤臣倍健、信捷电气、大族激光以及宁波华翔为例加以分析和说明。

10.8.1　汤臣倍健（300146）

1.　收入增长迅猛

公司发布 2019 年一季度报告，实现营业收入 15.71 亿元，同比增长 47.17%；收入端大幅增长源于两个方面：一是原有产品内生的增长，二是并购 LSG 之后业绩并表贡献的增量。从具体产品销量增长情况看，"健力多"品牌继续发力，营业收入较上年同期增长 69.48%；主品牌"汤臣倍健"营业收入较上年同期也实现 29.84% 的增长。2019 年一季度 Q1 实现归属于上市公司股东净利润 12,114.77 万元，同比增长 33.69%，主要来自收入的持续增长拉动，一季度期间费用 3.82 亿元，同比增长 111.42%。其中，销售费用 3.00 亿元（同比增长 80.2%）、管理费用 0.75 亿元（同比增长 190.04%），均影响公司利润增速。

2.　利润增长稳定

公司 2019 年一季度的毛利率为 67.22%，同比减少 0.39%，相对稳定；净利率 31.66%，同比下降 3.19%，主要是受到期间费率大幅上涨影响。具体来看，销售费用率为 19.15%，同比增长 3.15%，主要是企业在一季度推广费投入增加；管理费用率 4.81%，同比增长 2.37%，主要是 LSG 并表后，无形资产摊销增加导致；另外，财务费用率本期也大幅提升，同比增长 1.52%，主要是本期贷款利息费用增加 1,151.56 万元和本期利息收入的大幅减少（同比减少 26.73%）至 819.05 万元。

3.　战略十分清晰

公司 2019 年 2 月 22 日董事会通过新的股权激励计划，有望未来进一步激发员工积极性；从公司战略层面来看，根据 2019 年既定经营计划，采取适度激进的市场策略，启动以蛋白质粉为形象产品的"汤臣倍健"主品牌提升策略，进一步丰富和夯实大单品战略，逐步推进超级供应链，启动电商品牌化 3.0，都有望进一步促进业绩增长。从产品看，"健力多"作为第一大单品，前景广阔，预计持续高速增长；Life-Space 益生菌产品在国内线下渠道开始铺货；"健视佳"由 2018 年两个试点省份，2019 年逐步扩大到 6 个。公司构建全渠道销售体系，在药店渠道稳步扩大的同时，加快商超母婴等渠道建设，实施电商品牌化 3.0 战略。另外，运动营养品类新产品的开发和推出同样也值得进一步关注。

4. 风险与操作策略

产品质量和食品安全风险；保健品政策风险；原料采购对主要产品销售的风险；行业竞争加剧的风险；新业务与新项目的风险；跨境收购完成后的整合风险；商誉减值的风险。

无论渠道方面还是产品方面，公司未来业绩增长点丰富，战略规划清晰。鉴于当前股价对应估值相对便宜，未来估值修复空间较大，上调评级为"买入"。

10.8.2　信捷电气（603416）

1. 行业有望复苏

2019 年 3 月 PMI 高于荣枯线，工控行业有望复苏。根据国家统计局数据，2019 年 3 月 PMI 为 50.5%，比 2 月上升 1.3 个百分点重回临界点以上。生产指数为 52.7%，比 2 月上升 3.2 个百分点，重返临界点之上，表明随着春节后企业集中开工，制造业生产活动有所加快。2019 年 3 月中型和小型企业 PMI 分别 49.9 和 49.3，显著反弹，表明制造业市场需求继续增长。2019 年 3 月工业增加值同比增加 8.5%，比 2 月上升 5.14 个百分点。工控行业目前处于探底状态，新一轮复苏将带动公司业绩重回高增长轨道。此外，2019 年 3 月出口金额同比增长 14.20%，较 2 月份大幅回升，固定资产投资完成额累计同比增长 6.30%，较 2 月份增速提升 0.2 个百分点巩固 PLC 优势地位，加大伺服系统投入。

2. 市场定位稳固

公司 PLC 产品市场定位逐步稳固，后续将重点布局伺服系统业务。公司将在通用品的基础上，利用已有的行业解决方案的经验，做好硬件技术的升级，开发行业专用控制系统，在发展通用产品的基础上开发行业专用控制系统，重点布局包装机械、数控机床、玻璃机械、木工机械、纺织机械等行业，持续推动行业营销。公司致力于发展成为具有国际竞争力的工控产品供应商，为工业自动化领域提供高度智能化、信息化产品及整体工控解决方案。

3. 风险与操作策略

宏观经济波动风险；市场竞争加剧；原材料价格上涨。

2019 年一季度公司业绩表现稳健，归母净利润为 0.31 亿元；2019 一季度实现营业收入 1.34 亿元，归母净利润 0.31 亿元，同比增长 13.89%，扣非后归母净利润 0.26 亿元（同比增长 9.71%），经营活动现金流量净额 0.24 亿元，同比大幅改善并由负转正。公司营业收入增长的主要原因是驱动产品增长较快，由于收入结构变化和市场竞争加剧，使得综合毛利率有所下降，2019 年一季度毛利率为36.99%，研发费用率为 8.54%。看好公司依托小型 PLC 本土品牌龙头地位，打造整体工控自动化解决方案，带动驱动系统和人机界面快速增长，维持"推荐"评级。

10.8.3 大族激光（002008）

1. 利润步入下降渠道

大族激光的业绩面临着不小的挑战，资本市场上的回暖行情也在短短数日内被扭转了趋势。这使得大族激光的股价从一路上涨开始调头向下，形成一个下降通道。

如果说，大族激光 2018 年同比增长 4% 的净利润还算差强人意的话，2019年一季度同比下降 56% 的利润就有些难看了。从扣非净利润的角度看，公司2019 年一季度的下降幅度则并不那么大：这一数值为 14,205 万元，同比下降19.54%。但不管怎么说，大族激光的利润步入下滑趋势。

2. 曾被市场高度看好

公告 2019 年一季报之前的很长一段时间里，大族激光的业绩都表现良好。一般情况下，大族激光都被视作伊利股份、平安银行、格力电器这样的优质成长性上市公司，股票也属绩优股、大蓝筹。

大族激光自上市以来利润增长相当稳定。1999 年成立的大族激光是"中国激光装备行业的领军企业，世界知名的激光加工设备生产厂商"。就凭借这两个"顶尖水平"的评价，我们便可以对它的行业地位有一个基本的认识。从 2017 年的数据来看，大族激光的激光设备销售额在全球排名靠前。

市占率高，营收规模大，利润增长也相当稳定。从 2004 年上市之初的 4600万元逐步增长到 17 亿元，且其中鲜有巨大的波动。类比于大的银行，或大的家电、日用品企业，这样的增长并不稀奇，但大族激光是掌握高端技术的科技型企业，这类企业往往营收和利润波动很大，而且经常会因研发失败或产品销售不及预期而蒙受重大损失，但大族激光并没有表现出这种大起大落。

按大族激光 2019 年一季报的利润算动态市盈率，当前股价对应 PE 值约为 61，而市盈率 TTM（前四个季度平均）约为 26。这样的市盈率对于一家科技型企业来说并不高。也就是说，即便大族激光在 2019 年剩下三个季度的利润都像第一季度这样同比大降，到 2019 年报公布之时，按当前股价看，它的估值也不过与一家普通的科技型公司无异。

2018 年股价"大通杀"期间，即使是绩优股也少有不被错杀的，大族激光的股价也因此而腰斩。然而，大族激光在 2017 年度的业绩非常好，净利润同比增长 120%，达到 16.65 亿元，彼时大族激光的估值只有大约 15 倍市盈率。

而在此时，资金上手抄底，恰逢 MSCI 指数将 A 股纳入其新兴市场指数，北向资金大举流入。一时间，外资持有大族激光股份的比例达到了 30%，以至于达到了监管层规定的外资持股上限，而大族激光的股价也随之水涨船高。在 2019 年年初市场回暖期间，大族激光的股价从 26.72 元的谷底最高上涨到了 46.89 元的峰值，上涨幅度接近 80%。

3．风险及操作策略

2019 年是大族激光成立 20 年，正好赶上电子产品消费疲软的小周期。公司产品的下游企业产品销量波动中下滑，企业也不敢贸然扩张。这一趋势传导到产业链的上游，承压的自然就是大族激光这样的"生产资料的生产商"。

不过，这一不利形势并不是由于公司高层领导失误或新产品研发失败导致的，而是由市场环境和其他宏观因素所导致的。对于大族激光来说，这是不可分散的系统性风险，可以逐渐减持。

10.8.4　宁波华翔（002048）

1．表现好于预期

（1）公司 2019 年一季度实现营收 36.79 亿元，同比增长 14.3%；归母净利 1.19 亿元，同比增长 15.5%，符合市场预期。公司热成型金属件新产线陆续达产，业绩增厚；受益于大众强势产品周期，表现好于行业。

（2）公司 2019 年一季度业绩符合市场预期。公司 2019 年一季度实现营收 36.79 亿元，同比增长 14.3%；实现归母净利 1.19 亿元，同比增长 15.5%。公司营收和归母净利两端均实现逆势增长，主要是受益于热成型等新产品投产，符合市场预期。

（3）2019 年继续受益大众新车型周期。上海大众和一汽大众为公司的最大客户，2018 年公司对两家主机厂的销售额合计占总营业收入的 30.2%。2017—2018 年，大众系开启新一轮的强势新车型周期，其中一汽大众 2018 年内投放 6 个 SUV 新车型，公司为新车型配套内饰件、后视镜和顶棚等零部件。公司 2019 年将继续受益于大众产品新车型周期，业绩有望进一步回升。

（4）热成型项目增厚业绩，德国华翔持续减亏。公司已经完成定增项目，总募集 20.11 亿元，投资热成型、纤维类、汽车电子及铝、IMD 饰条类项目。2019 年公司的 8 条热成型产线有望全面量产，预计 2019 年将贡献约 15 亿元收入。2018 年公司成立了专项团队，加强对德国华翔的管理力度。德国华翔全年亏损额减少约 0.33 亿元，预计 2019 年经营有望进一步改善。

2. 风险及操作策略

配套车型销量不及预期；原材料价格上涨；国外业务扭亏进度不及预期。

公司热成型金属件业务进展顺利，德国华翔预计将持续减亏，公司产品具有全球竞争力，全球配套大众、奔驰和宝马等优质客户；新业务热成型金属件生产线陆续达产，开始贡献业绩。参考可比公司估值水平，公司合理估值为 2019 年 15 倍 PE，对应目标价 19.2 元，维持"买入"评级。

第 11 章

投资心理陷阱

投资就是买未来，这几乎是人人都认同的观点。所以人们更愿意把精力押注在成长股板块上。毕竟在市场中，成长股永远是备受关注的"宠儿"。然而，那些跌得最快的"熊股"也往往扎堆在成长股。

11.1 情绪影响交易

投资者大多有这样的切身体验：如果在狂躁、懊恼、苦闷或者是患得患失的情绪中交易，大多会以失败告终，如图 11.1 所示。反之，当投资者在平静、理性的情绪中交易的时候，犯错的概率就会小很多。对投资者来说，要取得交易的成功，学会控制自己的情绪是很重要的一步。

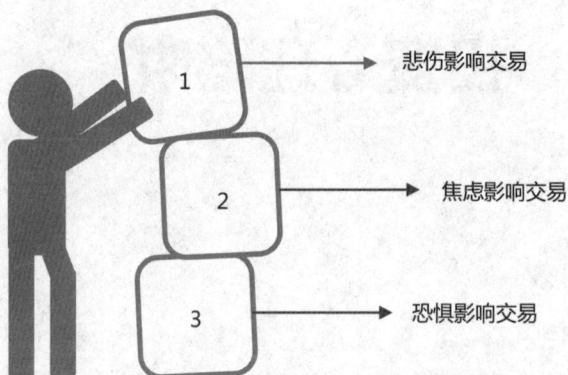

图 11.1 悲伤、焦虑以及恐惧影响交易

在情绪化的交易里面，投资者很容易陷入"赌"的心态之中，如果亏了，恨不得全仓一只股票后全部捞回来；或者通过重仓某一只股票实现发家致富。

但从经验来看，把全部或者大部分资产重仓在一只股票上面，企图扭转乾坤的投资者，最终亏得一塌糊涂。

交易发生后，当股价上涨时，情绪性投资者很容易见好就收，结果卖掉股票之后股价继续上涨；当股价下跌时，情绪性投资者很容易割肉离场，继续寻找新的"牛股"，然后被套、再割肉。如此循环往复下去，交易者的情绪越来越差，结果当然也是越来越差。

如果投资者处于悲伤、焦虑或恐惧的情绪中，驱动行为的动机会有所不同。因为这些情绪的不同，它们都会以独特和隐蔽的方式影响投资者的交易。

如果对"情绪如何影响交易决策"有自知之明，如果能理解情绪如何影响交易，投资者就能在不影响交易的情况下驾驭这些不同的情绪。

11.1.1　悲伤的情绪，倾向于高风险投资

心理学家认为，悲伤源于失去或缺乏奖励。每当投资者经历悲伤的时候，总感觉"少了些什么"。这种感觉通常是对的——如果投资者在某件事上没有成功，比如失去了一件很珍贵的东西，就会感到十分悲伤。

投资者是如何减少悲伤的情绪呢？

如果投资者有"缺失感"，就会积极地寻求可以填补这份感觉的事物。也就是说，投资者会在其他方面积极寻找回报。

这种情况的一种表现是，悲伤的投资者倾向于给自己买礼物。另一种情况是，悲伤的投资者也有帮助他人的倾向，因为在帮助他人时体验到的是"感觉良好"的情绪。

换句话说，悲伤的投资者会寻求奖励来提升和修复糟糕的情绪。

因此，悲伤的投资者在决策中有不同的优先级。投资者的动机仅仅是在情绪补偿中寻求即时满足感，而不是通过做出明智的、合理的决定在未来的某个时候能够带来长期的实际利益，从而获得延迟的满足感。

从交易的角度来说，悲伤的投资者更有可能以修复情绪作为唯一的目的来进行交易。这可能是一个非常糟糕的交易状态。

伤心的投资者更有可能像得了"错失恐惧症"一样进行买入以获得即时的愉悦感。此时的投资决策更容易受到媒体的影响，在煽情和炒作的氛围下进行买入操作，因为它们看起来更令人兴奋，即感情上有所回报。

最终，基于修复情绪的交易行为会导致情绪化的决策。悲伤的投资者会偏向于选择高风险、高回报的交易以及从事以回报为导向的交易行为，无论是好是坏，其实大部分是坏的。

被情绪主导来进行交易是一种灾难，这就是为什么需要理解投资者的情绪并质疑其背后的动机。

11.1.2　焦虑的情绪，投资倾向于保守

心理学家认为，焦虑源于高度不确定性以及对某种情况缺乏控制感。从根本上来说，焦虑源于不安全感。

焦虑的投资者应该采取的方式是希望变得更加安全——行为和选择将反映出这种愿望。因此，如果投资者想减少焦虑，就会通过减少不确定性和避免风险来做到这一点。

在交易中焦虑的投资者会以什么方式登场呢？焦虑的投资者更有可能卖得太快、设置止损太紧、选择盈利潜力有限的非波动性期权且由于急剧的风险规避而错失盈利机会。

研究发现，如果人们感到焦虑，他们往往倾向于低风险、低回报的选择。他们想要低风险、高确定性的选择，而非低风险、高回报的选择。

焦虑的人和悲伤的人不同，他们根本不重视那些带来满足感的交易。事实上，兴奋和满足感根本不是投资者关注的焦点。焦虑的投资者首要的关注点是更加确定以及风险更小。毕竟悲伤的人想要修复他们的心情，而感到焦虑的投资者想要通过减少让自己感到焦虑的事情来缓解焦虑的情绪。

11.1.3　恐惧的情绪，夸大下跌程度

研究表明，如果人们感到恐惧，他们会做出更为悲观的风险评估，从而导致更多的风险厌恶选择。投资者越是害怕，价格预测就会越悲观、不切实际。在价格预测中，投资者的恐惧情绪越多，就会过分夸大价格实际下降的程度。

过度恐慌的投资者会等待价格下跌并且考虑到不切实际的悲观价格预期，往往会错过逆转趋势，这种情况将比预期更早发生。

总之，情绪上的变化便能影响投资者对风险的看法、在交易决策中的动机以及如何评估交易。无论你是焦虑、恐惧、快乐还是悲伤——所有这些情绪都会对交易决策过程产生消极的影响。

悲伤的交易者会偏向于寻求高风险的高回报交易以努力修复他们的情绪；焦虑的交易者将偏向于低风险、低回报交易，以尽量减少不确定性，并在他们的决策中感到缺乏控制；恐惧的交易者将会对下跌做悲观解读，并在评估中变得更加悲观。

如果投资者了解情绪对交易的影响，就可以培养更好的自我意识，帮助以有利于你交易的方式来驾驭这些不同的情绪。

11.2 理性交易心理和认知

在交易过程中，投资者会面临多种多样的困难，只有勇敢直面问题，寻找解决途径，才能体会到心灵的成长和交易之美。自律恰是帮助投资者解决人生难题、消除交易情绪的重要工具。

理性的交易心理就是要求投资者以积极的态度去承受交易失败的痛苦、承担责任、解决问题，其实质就是在于推迟满足感，承担责任，忠于事实，解决问题。

投资者要保持理性交易心理，依靠自律做交易主动承担责任，避免反复犯错，如图 11.2 所示。

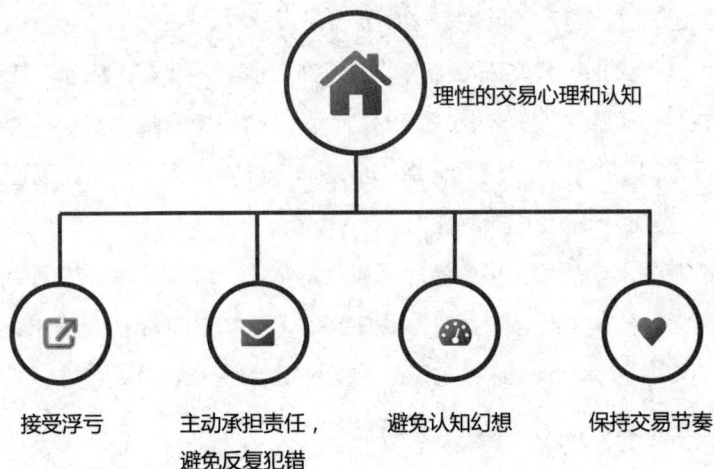

图 11.2 依靠自律做交易

11.2.1 接受浮亏

投资者可有体会过先苦后甜的幸福感，可有品尝过无数次失败后的成功带来的喜悦与激动吗？在交易中，投资者期待进场后没有浮亏的过程，但这是很难做到的。正确面对浮亏并感受它，才能迎接中长期的浮盈带来的胜利果实。

即使投资者抓到了最佳点位，也避免不了会面临价格波动带来的浮盈减少和亏损增加的交替。投资者缺乏对行情的耐心，想让一个交易决策快速完成；或者直接忽视行情的自然规律——"有涨有跌"，看见涨就认为必须直接买涨到位，这种交易态度更具有杀伤力。两者均反映出了投资者不愿推迟满足感的心理状况。

浮亏的过程，必然让投资者觉得痛苦，放弃短期的浮亏困扰，去体验更大程度的痛苦，即按照决策执行持单任务，这才是对待交易最理智的办法。承受它，将来就可能获得更大的满足，利润空间的延续也更长久。因此，投资者需要不紧不慢地介入交易环节，不急不躁地完成交易决策。

11.2.2　主动承担责任，避免反复犯错

一旦不能及时认清交易中的问题，这些问题就会横亘在投资者的心中，阻碍交易能力的提高和心态的成熟。有时候简单安慰自己，交易失误是别人的缘故，或是无法控制的因素造成的，譬如行情的问题、信息的问题、决策的问题等，都不如告诉自己："这是我的问题，必须要自己去解决。"

有时投资者会把"我本来应该""我或许应该""我本不应该"挂在嘴边，总会因而缺少勇气和个性，做出错误的判断。还有投资者常说"我不能""我不可能""我不得不"，似乎没得选择，全是迫于外界因素做出了交易行为，缺少对交易的自主判断和承受止损的能力。

以上情况的出现都源于投资者总习惯逃避责任，逃避自我解决问题的自由权利，感觉乏力，放弃了自己的力量。投资者在交易失败的状况中，不能轻言妥协，需要接受事实，主动承担责任，才能避免反复犯错，不致成为行情波动的牺牲品。交易中敢于承担责任，你才能做到有始有终。

11.2.3　避免认知幻想

忠于事实，其实就是忠于趋势状态。如果投资者追求长久的盈利和健康的交易心理，就要坚定不移地跟随趋势的走向，实事求是，了解行情的特征，把握品种的差异。对交易本身的了解越深，处理交易问题就越得心应手，否则投资者的思维就越容易产生混乱。

因行情的一时波动，而让投资者发生错觉和幻想，会离真正的交易越来越远。日常的学习和总结很关键，付出的努力程度越高，对交易的认识越清楚，投资者判断的准确性就越高。一旦初步建立的交易方法与现实发生冲突，就需要投资者对交易逻辑进行重新修正。只有通过自律，克服这种从头再来的痛苦，分散暂时的不适感，逃脱虚假的舒适空间，投资者才能让交易心智趋于成熟。

建立交易系统需要长久的时间，投资者不仅要对其进行反复验证和修改，还要对建立交易系统的自身进行反省。其中的难度对投资者而言，远大于完善交易系统的难度。从另一角度来看，认识自我和理解交易带给投资者的非凡价值，将使得这些痛苦显得微不足道。

最后，投资者的交易方法还要经得起外界的质疑和挑战。故步自封，逃避危机，虽说是人性之一，但并不意味着它是恰当的，也不意味着无法改变。投资者做符合逻辑的交易，势必要忠于事实，遵循交易规律。

11.2.4　保持交易节奏

自律是一项艰苦而复杂的任务，需要足够的勇气和判断力。交易驱使投资者追求勇气和判断力的完美结合。推迟进场的满足感，才有更大的利润目标，但又不能随心所欲地放大，还要忠于事实，根据实际情况而定。自律的交易需要自身的判断把持得当，"保持平衡"，确立富有弹性的交易机制：既能有效控制风险，又有适当获利的可能。

这就要求投资者不断自我调整，在决策、进场及持单之间保持微妙的平衡。保持平衡的最高原则就是"放弃"，放弃短期的浮盈快感，承受一时的浮亏营造的痛苦。当然这一切都需建立在具备合理风控的前提之下。

拥有适当自我放弃的能力，是成熟的交易员必须掌握的技能，即为"兼容并包"。要知道，投资者获得的永远比放弃的多。把持得当的交易，有助于自身平稳渡过危机，顺利进入下一交易阶段，领略到人生喜悦。

盯住止损止赢，止损是自己控制的，谋事在人；不考虑利润，因为利润是由市场控制的，成事在天。

11.3 塑造赢家交易心理

投资者交易失败了，会把原因归咎于对市场分析得不够，或者对技术掌握得不够。事实上，可能这些都不是真正的原因，真正阻碍成功的是交易心理缺陷，缺少交易心理方面的训练。

投资者学好交易心理学的目的，就是解决对内心以及对交易本质的认识，让交易起来容易、简单，没有任何压力。

11.3.1　勇于接受交易风险

最优秀的交易者交易时没有一丝一毫的犹豫或冲突，很自由地承认也许这笔交易不行。即使有亏损，他们在退出交易时不会有一点点不舒服。换句话说，交易天生的风险不会让最优秀的交易者失去纪律、专注或自信。

如果投资者不能做到不带情绪（特别是害怕）交易，那么就没有学会接受交易天生的风险。这是个大的问题，因为投资者不接受哪怕程度很低的风险，都等同于回避风险，总是想避免风险对交易能力会产生灾难性的影响。

总之，一旦投资者学好了接受风险这个技术，不管股价如何波动，都不会感到焦虑和恐惧。

11.3.2　塑造成功交易心理

请投资者记住，最优秀的交易者用很多独特的方式思考。他们已经形成的思想结构可以让他们在交易时没有害怕，同时防止变得轻率，因害怕而犯错。这种思想有很多特点，但最关键的是，成功的交易者消除了害怕和轻率的影响。这两个基本的特点能帮助他们实现持续一致性的结果。

一旦投资者有了这样的思想，在交易时也不会害怕。不再因为找理由、下意识地扭曲信息、犹豫、行动过早或期望等恐惧而犯错。一旦恐惧消失了，再也没有理由犯错了，结果就是它们从投资者的交易中真正消失。

　　然而，消除恐惧只是走了一半的路，另外一半路就是形成克制。优秀的交易者已经明白用内部纪律或思想机械系统对付因一连串盈利引起的过度兴奋或过度自信等消极影响。对于交易者来说，如果投资者还不知道如何控制自己，那盈利也是超级危险的。

　　如果投资者在一开始就知道持续一致性的交易者必须关注形成交易者的思想，那么就容易知道为什么很多交易者失败了。他们不是学习如何像交易者一样思考，他们在想如何通过学习市场赚更多钱，就很容易跌进这个陷阱。有一些心理因素会让投资者很容易地相信不了解市场会导致亏损，无法得到持续一致性的交易结果。

　　然而并非如此，投资者寻求的持续一致性在思想里，不是在市场里。是因为态度和信念错了，所以亏钱；当你感觉很好时，持续一致性变成了轻率，导致更多的亏损——不是因为技术或市场信息的问题。

　　交易既有趣又有困难的原因是投资者并不需要很多技术，需要天才式的赢家态度。几次或更多的赚钱交易会让自己感觉像交易者，这种感觉能维持赚钱的特征。这就是为什么新手要连续多次交易赚钱，市场中的优秀分析师希望连续多次交易赚钱。证券分析师有技术，但他们没有赢家的态度。他们操作时有恐惧。新手因为不害怕，所以才体会到了赢家的态度，但这并不代表他有赢家的态度，这仅仅意味着他还没有体验到害怕痛苦。

后记：买入、持有成长股

成长股投资方法是一种稳定的长线投资法，不需要投资者随时盯着盘面股价的变化，不需要专业的操作技巧，更不需要进行频繁的买进卖出交易，这是一种非常适合普通散户和上班族的投资方法，也是一种轻松的投资方式。

成长股投资法在其轻松的投资方式下，成就了一个又一个投资者的财富梦想，但是由于其是长线持有的投资过程，中途难免会遇上较大幅度的调整回撤。如果较早买入拥有足够安全垫还好，如果刚建仓就遇见较大调整，那么较大的浮亏会造成巨大的心理压力。

对于刚接触成长股的新手或者心态很好的投资者，很容易开始怀疑自己持有股票的基本面，怀疑成长股投资的方法逻辑，怀疑股市是不是就这样永远跌个没完没了。在怀疑、害怕中，卖掉了在底部附近购买的优质股票筹码。

普通投资者最大的问题在于拿不住成长股，稍有风吹草动就卖掉了手中的股票，错失优质的筹码。投资者如何才能拿住成长股筹码呢？

能拿住股票的核心要素是股票基本面优秀，业绩持续增长，估值合理，好的个股使你拥有持股的底气。当你手中持有的是业绩持续下滑、公司管理不善、产品没有核心竞争力、股价因为不能产生实际业绩的概念股，持有这种公司的股票心里就没有底气。而当自己持有的是业绩持续增长、公司管理优秀、产品具有核心竞争力、短期内没有大幅炒作导致估值过高、行业前景广阔的优质成长股，那么即使面临股价调整，投资者也有山崩于前而不惊的心理底气。

要了解你持有股票公司的基本面，你必须深入地去了解这家公司。了解公司的战略布局方向、了解公司的财务报表稳健性状况和业绩增长情况、了解公司的产品是否具有核心竞争力和巨大成长空间、了解公司当下遇到的困难、了解和预判未来几个季度公司业绩可能的变化情况，做到了如指掌、心中有数，则遇事不乱。

投资心态要好，不要在乎一时的得失。在成长股投资中，一定要有耐心，同时也需要有信心，这份耐心是出自你对公司未来的期待和投资中长期的磨砺，这份信心是来自你对公司各方面情况的详细了解。不要因为别的股涨了，而自己手中持有的优质成长股一时没有上涨就慌着卖掉。不要因为自己持有的优质成长股一时的调整就怀疑公司的价值，而是应该冷静、理智地认真再分析一次公司基本面是否发生重大恶化。如果基本面仍然是继续向好，且估值没有严重透支，那么你就应该继续耐心持有，不要在乎一时的得失。

逢低介入，低成本是拿住成长股的有利条件。不要在短期上涨过快和严重透支时追高买入，事实证明较低的成本是能够长期拿住一只成长股的有利条件。因为当你成本较低，遇到较大调整或是回撤时，你可能被套不会太深，甚至可能还有利润，这样恐惧压力就会小很多，从而有利于自己能够长期拿住优质成长股。

千万不要借钱买股票！当你大量高杠杆融资融券买入股票后，时间就站在了你的对立面，你买的股票必须能够立即持续上涨，才能覆盖融资成本。当股价阴跌不止时，巨大的恐慌会让投资者失去交易心智和交易信念。当你用自己闲置的资金买入优质成长股，时间站在了你的这边，此时时间成了你的朋友，因为好的公司迟早会上涨，而你又有足够的时间和耐心能够等到超额收益的到来！

对成长股实战经验不足的投资者，你可能在初次投资成长股时表现的信心不足，不知道这种投资模式是否可行。一旦遇见股价出现回调，你可能会过早地下车，而错失赚钱的良机。当你多经历几次失败和成功之后，随着投资成长股的经验逐渐丰富，形成了正确的投资观念，那么就能从容面对中途遇到的情况。

要用现实的数据证实成长股投资的有效性。俗话说以人为鉴，可以明得失；以史为鉴，可以知兴替。历史不会简单地重复，但是历史总是惊人的相似，历史的经验很多地方总是值得今天借鉴的。尤其股票投资，总是在涨跌之下、牛熊之中，不断地重复循环。作为散户的你，多去回顾一下历史的规律，同时通过成功操作案例，增强投资成长股的信心。

要适当地分散投资风险，持有投资能力范围内的成长股。当你只持有一只股票，那么一只股每天难免波动会比较大，同时也怕遇见黑天鹅，所以你应适当持有能够理解其经营并且有精力持续跟踪的几只股票。